運命を拓く×心を磨く

安岡正篤

THE GREAT PERSON MASAHIRO YASUOKA

松本幸夫 著

SOGO HOREI PUBLISHING CO., LTD

※本書は『安岡正篤に学ぶ』（総合法令出版刊）の改訂新版です。

安岡正篤、至高の言葉八選

積徳の伝統には結局及ばない。我々の過去に嘉すべき伝統が積まれてなければ、今日より徳を積むことに心掛けねばならぬ。

太陽の光に浴さなければ、物が育たないのと同じことで、人間の理想精神というものは心の太陽なのだ。理想に向かって情熱を湧かすということは、日に向かう、太陽を仰ぐということだ。これがないと人間のあらゆる徳が発達せず、したがって才知芸能も発達しない。

活力・気魄が旺盛でなければ、善も悪も何もない。是も非もない。

凡と非凡の分かれるところは能力の如何ではない。精神であり感激の問題だ。

一人物の死後に残り、思い出となるのは地位でも財産でも名誉でもない。こんな人間だった。こういう嬉しいところのあった人だというその人自身、言い換えればその人の心・精神・言動である。このことが、人間とは何かという問いの真実の答えになる。

人物が偉大であればあるほど、立派な環境を作る。人間が出来ないというと環境に支配される。

大抵我々は物事が心をわずらわすのではなく、わが心が心をわずらわすのである。

後ろを向いて前を見ておる。過去を通して未来を考えておる。

はじめに

いつの時代であっても強いリーダーのいる国は栄えるものだ。特に混迷の時代はなおさらその感が強い。弱小だった尾張の一国が織田信長によって強国になったように、強いリーダーは良きにつけ悪しきにつけ人を動かし、影響を与えていく。

大人物になりたいと切望した二十代の私は、吉田茂、佐藤栄作、田中角栄といった強力なリーダーシップを発揮していた総理大臣たちの人物研究をしていた。すると、そのリーダーを指導している人物がいることを耳にする。

本書で取り上げる安岡正篤である。

その生きざまについては本編で述べるが、安岡は東京帝国大学法学部政治学科を卒業する際に『王陽明研究』（玄黄社）を著し、陽明学者として知られるようになる。

戦前・戦後を通じて、安岡は歴代総理大臣の陰のアドバイザーであり、財界人の心のよりどころでもあった。各界のトップと呼ばれる人の大半が、安岡の教えを受けたといっても過言ではない。リーダーのさらに上に立つ人物が、安岡であった。

そんな安岡の教え、安岡哲学のエッセンスを私なりに本書に投入した。

まず、人生観についての安岡の教えを取り上げた。また、陽明学者として名高い安岡が、どのように王陽明の教えを実践していったのか、知識を実践する「知行合一」を中心に陽明学からも学んでいく。さらに、リーダーとして人の上に立つという安岡の説いた帝王学に触れた。そして、安岡の生き方を知る限り記してみた。

混迷の時代、強いリーダーが必要な時代にこそ安岡の哲学は生きてくるはずだ。これは時代を超えた真理である。限りある人生、本書を手にしたこの〝縁〟を逃さずに、安岡からぜひ学びとっていただきたい。

松本幸夫

第一章 人生観が運命を拓く

第二章

陽明学に学ぶ、知行合一

第三章

帝王学が人物をつくる

第四章

安岡正篤の生き方から学ぶ

ブックデザイン：木村勉
ＤＴＰ：横内俊彦
校正：髙橋宏昌

第一章

人生観が運命を拓く

great person
MASAHIRO
YASUOKA

自然体で人生観を確立しよう

人生観を確立しようというと、やたらに堅く考えてしまう人がいるものだ。もちろん、遊び半分では論外だが、あまりに力み過ぎるとかえって逆効果になる。

皆さんは習い事をしていて、先生から「もっと肩の力を抜いてください」と言われた経験はないだろうか。柔道でも剣道でも、初心者は皆といっていいほど肩に力が入っている。だから、すぐに投げられ、打ち込まれてしまう。自然体で、適度に力むくらいのほうが良い結果になりやすいということは、人生観を確立していく上でも当てはまるだろう。

世界三大商人といわれる華僑とユダヤ商人に、次のようなジョークがある。

華僑の王さんという人が、過労で入院した。

友人が見舞いに行くと、思いのほか元気そうである。

「元気そうじゃないか。具合はどう？」

すると王さんはこう答えた。

「来週にも退院できるよ。ただ、医者から働き過ぎるなと言われてね。少し労働時間を減らそうと思っているんだ」

「そうか。で、どのぐらいにするんだい？」

「身体のことを考えて、一日十二時間に減らしたいと思うよ」

つまり、それくらい華僑は長時間働いているというジョークである。

ユダヤ商人の場合は次のような話である。

ユダヤ商人のAさんが、あるパーティーに出かけた。そこで十年ぶりに昔の友人に再会した。

「いやあ、久し振り。ところで今何やっているんだい？」

「小さいながら、医院を開業したんだ」

「それはおめでとう。ところでこのところ飲み過ぎで、胃の調子が悪いんだ」

「週に三日は休肝日にしたほうがいいよ」

「そうだな。来週から飲まない日を作るよ。じゃあ」

そして三日後、パーティーで会った彼から手紙が来た。何だろうと開いてみると、百ドルの請求書が……。診察料だという。

「ひどい奴だな。一言二言話しただけじゃないか」

ムシャクシャして外に出ると、知人の弁護士に会った。

「やあ、いい所で会った」

と、彼は友人の医者から請求書をもらった話をした。

「そうか。法律的には払わなくてもいいね」

「ありがとう。これで安心できる」

やがて、その弁護士から手紙が来た。おそるおそる開くと、またもや請求書が……。

それだけユダヤ人は、がめついというジョークである。

華僑もユダヤ商人も「流浪の商人」といわれるほどに、定住先を持たず世界のあちこちでビジネスをしていることが多い。正直、つらいことも多いそうだ。だから、長時間労働をして、時にがめつくなくてはやっていけない。

私は、このジョークを華僑とユダヤ人の当人から聞いた。それだけ自分たちを茶化して笑っていられるだけの余裕が彼らにはあった。

私は、人生観を確立するのも同じではないかと思う。

あの安岡正篤に学ぶ、というと、裃《かみしも》をつけて体を硬くして学ぶものであると思われるかもしれない。しかし、真剣ではあっても、どこかに余裕が必要ではないだろうか。いきなり身体の力を抜こうとしても難しいが、拳を意識して強く握ったり、肩に力を入れたりした後であれば、わりと楽に力が抜けるものだ。同じように、真剣に取り組んでも、やがてリラックスすることは可能である。集中した後に自然体になれるということだ。あまり力まずに、物事に取り組んでほしい。

「一休さん」のモデルである室町時代の僧、一休禅師のたった一人の師であった宗《しゅう》峰妙超《ほうみょうちょう》は、悟りを得て印可状を受けたものの、誰にも見せることなく京都の橋の下で坐禅に明け暮れて修業したという。一休禅師も師に習って印可状を焼いてしまったそうだ。印可状は、私たちにとっては「賞状」であり、「資格証」であり、「勲章」でもあるものだ。それを焼いてしまうということは、世間の評価にこだわらず、とらわれを捨て、自分流に自由に禅を楽しんだともいえよう。

こだわらないということはリラックスにも通じるものだ。肩の力を抜いた真剣さが、禅だけでなく私たちが何かを学ぶ上でも必要であろう。

人生観に限らず、あまりせっかちに効果を期待するのは、「人生修行」においては避けたいものである。

中国明代の儒学者、王陽明に対して、あるとき弟子が質問した。

「この頃、修行のかいがあったのでしょうか、妄念に悩まされることがなくなってきました。ただ、まだ心の中に暗い部分があるのですが、どうしたらよいでしょう」

陽明は答える。

「修行を始めて間もないのに、なぜすぐに心が明るくなれるだろうか。それは、濁った水を瓶の中に入れたようなものだ。完全に透き通るまでには時間がかかるものだ。ただひたすらに、良知についての修行を続けなさい。急な効果を期待するのは、〝助長〟するようなもので、うまくいかないよ」

ちなみに、助長というのは、『孟子』にある言葉だ。中国の昔、宋の農民が苗を少しでも早く成長させたいと思い、苗を一本一本引っ張ったという。慌てて家人が駆けつけてみると、すでに苗は枯れてしまっていた。

修行もこれと同じで、あまりに早く効果を期待して焦りを生じることは、禁物なのである。

人生観を早く確立しようと、あまり焦ることはしないでほしい。自分のペースで行うことが肝心だ。

自分の器を空《から》にして教えを学ぼう

禅では、新しい教えを学ぼうとする時に、〝自分の器を空にしろ〟と言われる。つまり、先入観や否定的な概念を持たずに、真っ白な気持ちで受け入れろということだ。

歴代総理大臣の精神的支柱といわれた安岡正篤の教えを学ぶにしても、否定的な概念を持ったままでは到底役立つ教えにはならない。これは他の分野でも全く同様であろう。

あなたが、安岡に学び人生観を築こうとする時には、やはりまず真っ白な気持ちになってみることが大切だ。

確かに心のどこかに「批評眼」的なものを持ち、判断を下していくことは、人が向上するためには欠かせないことだ。そうでなくては進歩向上は望めないだろう。しかし、頭から否定してかかる態度では、得ることは何もないのではないか。「学ぶことなど何もないよ」「俺は中国古典など読みたくもない」「高所から物を言われるのは気に入らない」などというように始めから拒絶してしまっては、どのような教えも価値を持たないだろう。

私の講演会でも、百回行えば一人や二人は「否定的」「拒絶的」な人というのは出てくる。それは、私の話の内容とは全く別のところに原因があり、当人の先入観が元になっていることもある。「どうせ講演など面白くない」「眠い、つらい、疲れるだけだ」そんな思いでいるなら講演会に来なければよいと思うのだが、一応は聴きに来るわけだ。

王陽明も説いたように、心が素直で真っ白な状態になった時、そこに「理」があるといえよう。

人生観をしっかりと築くためには、まず無心になり、安岡のような先人の教えを吸収していくことが大切である。その上で、さらに新たな人生の知恵を身につけていくことだ。

人生観が土台だとしたら、その上に建てる「家」にあたるものは何だろうか？　私はそれをリーダーとしての生き方、「帝王学」に求めたいと思う。

帝王学については、後に詳述したいが、ここではそのエッセンスの部分をまとめておこう。人生観をしっかりと持った上で帝王学をマスターしていくと、ビジネスに幅が出て自信も持てるはずだ。

帝王学の基本

リーダーとして必ず身につけておかねばならない生きた学問のことを、ここでは「帝王学」と称しておこう。

安岡は、国を治めるようなリーダーの条件は、次の三つが柱になると説いている。

一、原理原則を教わる師を持っていること
二、直言してくれる側近を持っていること
三、よき幕賓《ばくひん》を持っていること

つまり、師・側近・幕賓という自分を取り巻く人間関係が中心になっているのだ。第一の「原理原則」というのは、時代が変わろうとも変わらぬ芯のようなものであり、王陽明の言う「理」のことだ。つまり、真理、誠、道といった内容と同じことである。

原理原則は、理想的には現存する〝生きた〟師から学ぶに越したことはない。が、原理原則は、たとえ故人になっていても、たとえ時代が変わろうとも変わらぬものである。だから、いくらでも学びとることは可能なのだ。

第二の「側近」というのは、必ずしも部下とは限らない。そしてこれは、人生観をいかに持つかということにも密接にかかわってくる。

戦国時代に〝外様《とざま》〟の身でありながら、豊臣秀吉、徳川家康と生涯に七度も主君を変えたのが、藤堂高虎《とうどうたかとら》である。七十五歳の天寿を全うした彼の人生哲学は「ナンバー2」にあったと私は考えている。

機を見るに敏、先見力のあった彼は、関ケ原では豊臣方ではなく徳川に味方して戦った。結果として、二十万石以上の領地を持つ大名の地位を得るに至る。そして、「畳の上」で死ぬこともできた。

これは、彼が「いかにしてナンバー2として生き抜くか」というテーマを人生の中に持っていたからだ。ナンバー2としての人生観を持ったのは、黒田官兵衛や石田三成など戦国時代には多くの例がある。

私が言いたいのは、このようなしっかりとした人生観があってこそ、側近の直言が生きてくるということだ。自分で自分の背中は見えないけれども、他人からはよく見える。直言してくれる側近とは、そんな自分の背中について正直に語ってくれる人に他ならない。

側近は、部下だけでなく、時には家族や親類といった身内のこともある。が、幕賓というのは他人であり、アドバイザー的な人のことをいう。

第三の「よき幕賓」というのは、いつもお世辞を言ったり、何にでも賛同してくれる人のことではない。時には激論を交わしたり、反対され批判されても、心の通じ合っている広義の〝友〟のことである。心の友、真の友、つまり心友であり真友のことをいう。

私には、直言してくれたり、時にビジネスのヒントをくれるような何人かの「パーソナル・アドバイザー」がいる。ある人は、社長であったり、またある人は学者だったりする。ブレーンと言ってもよい。

師・側近・幕賓の三つの人間関係を整えていくことが、帝王学の柱となることを知ってほしい。さらに、しっかりした人生観を土台とすることで、帝王学が生きるのである。

人生観の確立（1）――人生の五計を知る

人生は一回限りだ。二度とない、永遠に。

無為に過ごしても一生。人生観を持ち、日々向上していく努力をしても一生だ。同じ一生なら、人生観を確立し、しっかりと歩んでいきたいものである。

人生観について安岡は、中国古典から「五計」ということを語った。

五計とは、南宋の朱新仲《しゅしんちゅう》の説いた教えで、今でいう人生設計を五つの観点からとらえようというものである。その五つの柱がこれだ。

一、生計

二、身計
三、家計
四、老計
五、死計

一、生計――いかに生きていくべきか

「生計を立てる」となると、現代では、暮らしの中でのお金の問題について言うことが多い。しかし、安岡は生理的な生き方、養生法的な意味で説いている。

東洋哲学、中でも中国でいう「陰陽」を柱とした食養法が生計には有用である。「身土不二」というように、生まれ育った土地と身体とは不可分のものである。これは気候や水、さらにはその土地で産する食物と身体とのつながりを言う。

産物、食べ物から陰陽をわかりやすく説くと、寒い土地に産する食物は陽性で、身

体を温めてくれる働きがある。逆に暖かい土地の産物は陰性で身体を冷やしてくれる。つまり、その土地に産する季節の「旬」の物を食することが、自然の理にかなった「食」になるということだ。

参考までに、陽性とされる食物は水分が少なく、形は求心的な物、平たい物で地面より下で育つ部分の産物である。寒い土地でとれる。

陰性とされる食物は、水分が多く、形は遠心的な物、ひょろ長い物で、地面から上に育つ部分の産物だ。暑い土地、暖かい土地に産する物である。

この考えでいくと、日本では冬は陽性、夏は陰性の食物を食することで陰陽のバランスがとれることになる。これは何も難しいことではなく、「旬」の物を食べればよいのだ。

ところが現代では、世界中の食物が日本に居ながらにして食べられるようになった。これは科学・技術の「進歩」ではあるが、食養からすれば弊害でもある。むやみに食べてしまうと陰陽のバランスが崩れることになるからだ。

また、国内の産物であっても、「季節外れ」の物が容易に手に入るようになった。だから、古来の季節に合った陰陽の調和のとれた食事をしていくことが本来は重要なのだ。

さらに、「食養」だけが〝生計〟ではない。例えば他に「心」がある。〝養心〟というのは、心を養うという意味である。詳しくは後述したいが、心を養うには喜神、感謝、陰徳がキーワードとなる。喜びの心を持ち、常に感謝し、さらに陰徳を施していくこととなる。

生計とは、自分なりに健康づくりに励み、健康の哲学を持つことと解釈してよいだろう。健康第一というのは古来から変わらぬ真理である。

二、身計——社会生活の仕方、在り方

これは身の計りごとであり、社会生活のことといえる。現代風に言えば、ビジネスでの処し方とも考えられる。

ビジネスマナーから各ビジネスの専門知識に至るまで、あるいは社会人としての常識が、この身計に相当する。

三、家計――家庭を営み、維持していく方法

身計を社会生活・ビジネスと考えたならば、それに対してのプライベート・家庭の計りごとが家計といえる。これは一般にいわれる家庭の経済という意味ではない。

人間が人間であるために欠かせないものに「徳性」がある。例えば、他人のために尽くすとか、愛する、素直、誠実、努力というような道徳性のことだ。

安岡は、木でいえば人間としての根や幹に当たるのが「徳」であると説いていた。そして枝葉が「技能・技術」「知能・知識」であるというのだ。だから、古典の人物に学ぶということは、この特性に磨きをかけていくのが本筋でなくてはならない。

中には、「古典の人物・先哲といっても、相対性理論など知らなかったではないか」「天動説を信じていた人たちではないか」というように、自分の「知識」のほう

が優れており、学ぶことなどないと誤解する人もいる。

しかし、かの孔子が現代物理学の知識がないからといって、彼を軽く見るような人はいないだろう。それは、枝葉よりも幹が大切だということの証明でもある。大切なのは人間の徳性なのである。

人間教育という点からすると、知能や技能を磨くこと以上に、徳性を身につけていくのも大切な教育の役目といえよう。

ところが、安岡も説いたように、現代はあまりにも学校教育に頼り過ぎる傾向が強いようだ。しかも、知識偏重といってもよい教育だ。

例えば、あいさつや整理整頓、思いやりの心というように、家庭の中で養うべき「徳」は多い。〝ミニ社会〟ともいえるのが家庭である。人間の本質面での教育の土台は、家庭内で行われるものだ。また、学校教育の中でも、知識だけでなく徳育の重要性を忘れてはならない。

人間教育は家庭が根本だという自覚を持つことが、家計を考える上で欠かせない。

四、老計――いかに年を取るか

論語に「知非」という言葉がある。

これは、孔子が衛の蘧伯玉《きょはくぎょく》を讃えたものであり、行年五十にして四十九年の非を知る、つまり人生五十歳になって今までの四十九年間が誤りだったことを悟ったというものである。

年を取ると、「昔は良かった」と懐古の情ばかりが湧いたり、経験を積んだから偉いんだというように他人を見下して尊大になるような人がいる。

しかし、いかに年を取るのかという老計の観点からすると、このような態度は好ましいとはいえない。

茶は三煎して初めて味わいが出てくるという。

一煎では、茶の糖分が出て〝甘み〟のある茶になる。人生でいえば〝若さ〟にあふれ、何にでもチャレンジする恐れを知らない時である。ただ、人生のプロから見たなら、「まだ奴は甘いな」と判断されることもある。

二煎になると、渋みが出てくる。甘いだけのお茶よりも、より〝旨《うま》み〟が感じられるものだ。人間でいうと、中年になってくると〝渋さ〟が感じられる人のことのようである。

そして三煎。ここに至って〝苦味《にがみ》〟のあるお茶になる。人間も同じで、老計を考えた時には、人生の苦味も知っている重みのある人物になることが望まれよう。

中国の華僑は、若者を海外に出す時に「五香の儀」というものを行っていたと聞いたことがある。植物や薬、菓子などを用意しておいて、人生の「五香」を味わわせ、外国に出すという儀式だ。

まず、砂糖菓子をなめさせる。当然〝甘い〟。そして〝辛さ〟〝酸っぱさ〟を味わわせ、棘《いばら》に触らせて〝痛味〟を感じさせる。人生には手痛い体験をすることもあるのだというわけだ。そして〝苦さ〟を味わわせる。やはり、人生にはある時点で苦味が必要なようだ。

人生の味わいを考えた時に、茶の三煎や五香の儀での苦さ・苦味が、老いてからは欠かせない。その味わいは、若い時点では気付かなかったことに気付き、知非の心境に至ることによって自然に出てくるものである。

五、死計――どのように死ぬべきか

死計とは、生計・生きざまに対しての死計、つまり死にざまということだ。死にざまとは、死の瞬間だけを独立して取り上げるのではなくて、生きざまとしての最終章といった意味があるのではないか。死計＝生計ともいえるし、生計↓死計↓生計と続いていくサイクルであるとも考えられる。

中国、三国時代の軍師、諸葛孔明《しょかつこうめい》は蜀の武将、劉備《りゅうび》が亡くなった後、宿敵ともいえる魏に戦いを挑むという決意を二代目の劉禅《りょうぜん》に奉じた（前後二回の上奏文であり、これを出師表《すいしのひょう》という）。その後、出師表の結びにあるのが、「鞠躬尽瘁《きっきゅうじんすい》、死して後已《のちや》まん」という言葉だ。

鞠躬というのは、上からの命令を承るという意味で、亡くなった劉備の遺言である漢王朝の復興を全力で成し遂げるということになるだろう。つまり、諸葛孔明は劉備のために残りの人生を全て賭けたわけだ。これは、彼の生きざまであると同時に、死計ともなる。

老計のあとに死計があるのではなく、たとえ何歳であっても死計は人生に欠かせないものであり、今、持たねばならないものといえる。

確固たる人生観を持って生きるために、人生の五計をここで見つめ直していただきたいものだ。

江戸時代の浮世草子作者、井原西鶴は『世間胸算用《せけんむねさんよう》』の中で、次のように述べている。

「二十五の若盛りから油断せず、三十三の男盛りにかせぎ、五十の分別盛りに一家繁栄の道を開いて長男に相談し、六十前後で楽隠居して観光や信仰を兼ねて礼所めぐりでもせよ」

一つのサンプルではあるが、頭の中で人生のアウトラインを想像してみる時の参考にはなるだろう。

中国では五計以外に、孔子の説いた而立《じりつ》（三十歳）、不惑《ふわく》（四十歳）、知命《ちめい》（五十歳）、耳順《じじゅん》（六十歳）というものがある。これも一つの人生観といえるだろう。

また、インドの人生論である「四住期」では、人生を次の四期に分ける。

学生期……師のもとでヴェーダの教典を学ぶ時期
家住《かじゅう》期……家庭を持ち、社会生活について学んでいく時期
林棲《りんせい》期……老いたなら、家を捨てて森林に隠遁《いんとん》生活を送る時期

遊行期《ゆうぎょう》……死への準備をする旅立ちの時期

いずれにしても、「人生観」を持つことによって私たちは一日一日の価値を十分に味わいながら過ごせるようになる。「時は金なり」というが、失ったお金を取り戻すことはできるだろう。しかし、失った時間は戻らない。時は人生そのものであるとの自覚が人生観の確立に欠かせないのだ。

昭和のジャーナリストである大宅《おおや》壮一は、結婚した時に妻の昌《まさ》に対して、このようなことを語ったという。

「自分たちの生活は最小限度に切り詰めて、余分なものは人に施せ。人間として生まれた以上は、できるだけの仕事をして死にたい」

ジャーナリストとしての大宅はまさにこの言葉通りの人生を全うした。昌によると大宅は、時間でも物でも、全く無駄にしなかったという。仕事に命を賭ける人間は、やはり「時は命なり」という自覚を持っているのだろう。

大正時代に日本のセメント生産高の半分を占めた、あの浅野セメントの創業者、浅野総一郎は「人は一日に三時間眠れば十分だ。貴重な時間をむなしく睡眠に費やすのは惜しい」と、ナポレオン並みのことを語ったそうだ。

西武鉄道を中心とする西武グループの創業者、堤康次郎も「日常生活で最も必要なのは早起きだと思う」と語り、早朝から出社して社員に檄《げき》を飛ばしていたという。

無為に時を過ごしていられるほどに、人生は長くないことを忘れてはならない。

人生観の確立（2）——物の見方の三原則

日々の物の見方・考え方は究極の人生観に通じるといえるかもしれない。

例えば、「積極的に生きる」という人生観に対して、物事を肯定的にとらえるという物の見方があるように。

「物の見方には三原則があるのだ」と安岡は説いた。

一つは、物事を目先で見るか長い目で見るか。短期的にしか見ないのか、それとも長期展望できるのかということだ（原則一）。次に一面だけ見るか、多面的に見るかということ（原則二）。三番目に、枝葉末節を見るか、根本的に見るのかということである（原則三）。

まず、原則一について考えてみよう。

物事を長期展望できるかどうかということは、例えば企業が伸びるかどうかを判断する時のポイントといえる。

松下電器産業（現パナソニック）を創業したあの松下幸之助は、二百五十年というスパンで企業の成長を考えていたそうだ。当然、自分の代だけでなく子孫の代までも含めた壮大なスケールで物を見るということになる。これは、衣料品メーカーのワコールを創業した塚本幸一が、戦後の焼け跡の中で十年スパンで企業が発展していく様子を思い描いたものとも似ている。一九九〇年代には世界制覇ということを、焼け野原を前にしてイメージすることができたというから驚きである。

安岡は、陽明学をはじめとした中国思想を生きるための柱としていたが、中国においても五年、十年といった目先で見ずに、何百年、何千年のスパンで物を見る思想家が多くいる。

目先にとらわれてしまうと、バブル経済の崩壊やリーマンショックで大損害をこうむるようなことも起こり得る。長期展望は欠かせないものなのだ。


次は原則二について考えてみよう。

物事を多面的に眺めるということは、長所短所を含めて、できる限り客観視するということに他ならない。

よく出される例であるが、物事を肯定的にとらえる人は、水が半分入ったコップを見て「まだ半分もある」と考える。否定的に見る人は「もう半分しかない」と考える。客観視するというのは評価せずに、とにかく「コップに水が半分入っている」という事実を確認し、あらゆる立場から眺めることをするのだ。数字の6を逆さに眺めたなら9にも見えるように、さまざまな方面から眺めることは、思考を柔軟にすることにもつながる。

大所高所から眺めるというのも、別の角度から眺めることになる。

武田信玄が若き日に、城の近くで不審な男を見つけた。問いただすと、ヒバリを取っているのだという。それを聞いた信玄は男をつかまえて、山の中腹まで連れていった。

「決して怪しい者ではありません。お許しください」

と男が叫ぶのを無視して、信玄は山から下を眺めるように命じた。

下からは見えなかったが、山の中腹からはヒバリが巣に戻る様子が手にとるようにわかった。

「巣の位置を覚えておいて、すぐにヒバリを取りなさい」と信玄は語ったという。

高所から見ると、物事がよく見えるというエピソードであろう。

漢字の「相」という字は、今でも大臣のような国の指導者に用いられる。首相、財務相、外務相などがそうだ。相とは、国の指導者たる人物には木の上から目をつけて下を眺めていくような物の見方が必要だという意味だという。

最後に原則三の、物事を枝葉末節から見るか、本質を見るかということについて考えてみよう。これは、人物を見抜く時でも同じことがいえる。

普段は誠実で努力家である人が、偶然、体調を崩して投げやりな仕事をしたとしよう。彼の本質を見抜けない人は〝投げやりな人〟と評価してしまうかもしれない。

また、知的に論争している時でも感情的になると、言い間違いのような枝葉にこだわり、攻撃することもある。

物の見方ではなく、自分の生き方を考えた場合にも、人生の大目標に生きるような生き方が理想であろう。

『列子』にいう「呑舟《どんしゅう》の魚《うお》は枝流に游《およ》がず」というのと同じだ。呑舟の魚というのは、舟を呑《の》みこんでしまうような大きな魚である。
結論として、物の見方の三原則というのはこの三つということになる。

一、長期展望を持つこと
二、多面的に眺めること
三、本質を見ること

ややもすると、この逆になりがちなことが多いのではないだろうか。

人生観の確立（3）——六中観とは

安岡は、『王陽明研究』を著したりして二十代にしてすでに陽明学者として知られていた。当然、王陽明の生き方から学んだところは大である。

中国、明の時代に宦官《かんがん》が専横をふるい、その非道を弾劾するために立ち上がった崔《さい》銑《せん》という男がいた。崔銑は結局投獄されたが、若き陽明は、崔銑を援護する論を口にしたために捕らわれの身になってしまう。

その時に崔銑は「六然《りくぜん》」を口にしたといわれる。陽明学者であった安岡も、この六然には大いに心を動かされたという。そして、その後の安岡は、六然から自分流の「六中観《りくちゅうかん》」を創出したのである。

では、まず六然からみていこう。一部は、よく私たちも口にすることがあるかもしれない。

「崔銑の六然」

- 自処超然
- 処人藹《あい》然

●有事斬然
●無事澄然
●得意澹《たん》然
●失意泰然

自分にはとらわれずに、他人には楽しませることを心がけて接し、いざ有事の際には堂々、生き生きとする。何もなければ澄んだ心で、得意の際は淡々と、失意でも泰然とする。つまりは、いつでも自然体であれという教えといえよう。

この六然から、安岡は次の六中観を創り、多くの人々に影響を与えたのである。

「安岡正篤の六中観」

●忙中閑あり

●苦中楽あり
●死中活あり
●壺中《こちゅう》天あり
●意中人あり
●腹中書あり

現代のビジネス社会で生きる私たちが、六中観をどのように受けたらいいかを若干述べておこう。

まず、忙中閑あり。

第二次大戦中、東京で空襲が盛んになった末期、その間をぬって安岡は坐禅したという。どんなに騒々しく忙しい時であっても、有益な時は生み出せるものであろう。

たとえ分刻みのスケジュールの中であっても、「自分」のための時間を捻出していく工夫は欠かせない。否、忙しいからこそ真の「閑」が必要とされるのだ。逆に閑中では本当の閑なしといえよう。

次に、苦中楽あり。

読者にも経験がおありだろうが、難易度が高く、重責の伴う仕事ほど、苦労した後に達成できた時の喜びは大きい。あまりに簡単な仕事は、仕事をしていて楽かもしれないが、満足度は少ないだろう。これは、すなわち〝苦中楽あり〟に他ならない。

また、他人から見てどんなに苦しそうに思えても、行っている本人にとって楽しいことはいくらでもあるはずだ。心構え一つで、いくらでも状況は変わってくる。苦中楽ありと思えたなら、どんな仕事にも進んで挑戦していけるものだ。そしてそう思うことで、逆境やピンチは即チャンスへと変わる。

安岡は、終戦直前に薬が合わずに皮膚を病んだことがある。医者に対して「自分で治す」と豪語した。そしてその時、温泉につかって皮膚を刺激する〝苦しさ〟が楽しく味わい深いものだと後に語っている。

どんな状況にあったとしても、そこに「楽」のもとはあるものだ。物の見方を変えれば、いつでも幸福感を味わえる。


三番目は、死中活あり。

柔道家、そしてプロレスラーだった木村政彦は、柔道の百人掛けのような猛訓練の際に「これ以上はもうわずかたりとも動けない」という極限状況になった時、さらにそこから「復元力」が湧いてくると語ったことがあった。

あるいは、剣の極意にも、真剣の刃の中をあと一歩踏み込むことで活路を見いだせるという。

人間でも短所イコール長所ととらえることもできる。慎重↕優柔不断、即断即決↕気が短い、というように表裏一体なのが人間である。人の生き方も、死中にこそ活ありと信じていきたい。人でいえば、あなたの「やりたくない」と思うことは、あなたの強化すべき点となる。例えば「人前で話をしたくない」という人は、そこにこそあなたの弱点があり、強化すべき点があるということだ。

四番目は壺中天あり。

『漢書』に、壺の中に入っていった老人の話がある。すばらしい世界が壺の中にあるというのは、人間の内面、小宇宙の無限のすばらしさのたとえであろう。

メーテルリンクの『青い鳥』のように、外にばかり目を向けていたら、実際には自分の中にすでに備わっていたということもあるのだ。

内省の時を常に持ち、自己を振り返るだけの余裕をビジネスにおいても持ちたい。

五番目は意中人あり。

集めた名刺の数だけを誇るような表面的な人脈ではなくて、いざという時にも頼れるような真の人脈を持ちたいものだ。それはビジネスではチャンスをもたらしてくれる「金脈」ともなる。あるいは、心の友ともいえるつながりの「心脈」でもあろう。意中人ありの「人」というのは、このような「人脈は金脈、あるいは人脈は心脈」と呼べるような人のことであろう。

最後に、腹中書あり。

ただの知識というのは、頭だけの学問に他ならず、いざという時の力にはなってくれないものである。記憶だけなら、コンピューターのほうが優っているといえる。

ここにある〝書〟はいわゆる「座右の書」といえるがそれは、何百回となく読み、味わい、まさに血肉と化したような書物のことであろう。

書物というのは、いわば方便である。例えば、ダグラス・マクレガーがX理論でこう言ったとか、アブラハム・マズローが自己実現についてこう語ったなどと「書物」で知るのは、彼らの説いた中身を知るための方便といえる。

つまり、大切なのは彼らが「何」を伝えたかったかという真意だ。

禅でいう「月を指し示す指」にあたるのが書物であり、月そのものではない。書物そのものが大切なのではなくて、「月」にあたる書物の言わんとするエッセンスこそが私たちの「腹中」になくてはいけない。

自分なりの「理論」「説」「信念」「思想」「活きた学問」ということが腹中書ありで、安岡が説かんとしたところであろう。

また、安岡は、多くの人々は「文献」の意味を正しく理解していないという。文というのは文書であり、英語のドキュメントと同義である。しかし、文献の「献」のほうの意味を全く忘れてしまっている。それは献＝賢であり、賢者の意を持つという。つまり、安岡のいう文献とは、文書・記録と人物ということになるのだ。「腹中書あり」という時には、書だけではなくて、そこに「人物」を見なくてはならない。『論語』ではこういっているという表面的なことではなくて、必ず「人物」、つまり孔子の人となりを知る必要があるのだ。他の古典も同様に、常にそこに「人」の姿を見ることのできる学問が本物なのである。

人生観の確立（4）——運命は限りなく創造変化する

安岡は、運命とは常に動いているもので、限りなく創造変化していくことを本質とすると説いた。

「運」という文字自体が、変化していくというダイナミズムを有している。宇宙がビッグバンから始まって、現在も生生発展していくような自然の偉大なる力、宇宙の原理ともいえる進化向上が「命《めい》」である。

私たちの人生観の一つとして、「運命は変えられる」と信じることは重要である。中には、「私は運命に恵まれないから」「運命だから仕方がない」と、何事においても行う前からあきらめてしまうような人がいる。しかし、運命は動かせるものであり、変えることは可能なのだ。

社長の息子に生まれついたとか、十月に生まれたとか、血液型がＡＢ型であるというような「変えられない」面が人生にあることは確かだ。これはいわば「宿命」的なものて、努力しても動かせないものである。宿命の「宿」は「やどる」の意味であり、固定された、不動といった意味合いがある。

「三年後には運気が向上する」とか、「十年後に大病する」というように、未来の定められた「運命的」なものを宿命なのだと誤解する人も中にはいる。しかし、未来は「変えられる」のだ。どのようにしても動かせないというようなものではない。「他人と過去は変えられない」という釈迦《しゃか》の言葉にもあるように、宿命的に固定されてしまっているのは過去の出来事であり、決して未来ではない。

宿命的なものと運命とは別だということである。そして、運命は「未来」なのだからいくらでも変えていけるということだ。

「向上できる」とわかっているからこそ、現在努力することも苦労でなくなる。「変わることができる」と信じているからこそ、人は汗を流すのである。

安岡は『陰隲録《いんしつろく》』の逸話を引いて、運命は変えられるということを述べたことがある。

袁了凡《えんりょうぼん》という男が、医者になるべく勉強をしていたところ、孔という老人に会った。この老人は、「お前の人相は進士（科挙の合格者）になれるものだ。やがて試験には、これだけの成績で受かるだろう」と、試験の受かる順位から、将来子供はできないこと、また死ぬ月日までも予言したのである。

老人の言葉に力を得た青年は科挙に受かるために猛烈に勉強して、やがて孔老人の言った通りの成績で合格した。

次々に老人の予言は的中していくので、おそらく子供がないことや、死ぬこともその通りになるのだろうと青年は思うようになる。

つまり、「運命は変えられない」と思い込み、何事においてもあきらめの境地になってしまったのである。決まったレールの上で、決まった駅に時刻通りに停まって終着駅まで行く。そんな人生に袁青年はたまらなく嫌気がさしてしまった。

ある時、袁青年は雲谷《うんこく》禅師という人物に出会った。修行を続けて人を見抜くことのできた雲谷禅師は、悟ったような顔をした袁青年を見て驚き、「その若さで、どのような修行をしたら人生を達観できるのですか」と尋ねる。

そこで袁青年は孔老人の予言が全て当たった話をした。そして、自分の人生はすでに定められていると思っているので特別の修行をしたのではないと語った。

すると雲谷禅師は、急に態度を変えてこう語った。

「お前のあきらめというのは、本当の悟りではない。運命というのは変えていくもの、創造していくものだ。今日ただ今より、新しい人生を生きてみよ」

袁青年は雲谷禅師の言葉に悟るところがあった。そして自ら運命を開いていく人生を踏み出すことができたのである。

やがて、袁青年に子供ができ、孔老人の予言も当たらなくなっていく。彼は「運命は変えられるもの」ということを実証したのである。

名経営者として、阪急グループを創業した小林一三氏を挙げる人は多い。大阪府の箕面《みのお》にあった動物園、兵庫県の宝塚にあった遊園地や宝塚歌劇団をつくり、阪急沿線の周辺に文化住宅を建て、さらに始発駅にはデパートを建てたりと、アイデアの塊のような人であった。

しかし、小林がはじめから順風に乗っていたのかというと、そうではなかった。

小林は、三井銀行（現・三井住友銀行）の調査係にいた時には、小説ばかり書いているような銀行マンとしては評判の良くない男であった。彼の運命が変わったのは、箕面有馬電気軌道（阪急電鉄の前身）の専務になった時である。この鉄道会社は大阪と郊外を結んでいたのであるが、あまり乗客は多くはなかった。

そこで、小林は日夜「いかにして乗客を増やすのか」というテーマに没頭することになる。結果として、小林の経営者としての才能が開花することになった。つまり、運命が変わったのである。環境が変わったということもあるし、良き人に見いだされたということもある。が、いずれにしても運命は変えられるものなのである。

人との縁を大切に、環境についても自分の能力を引き出すことを尺度として選択していってほしい。

人との出会いも、環境も、私たちが選べるものだ。つまり、運命は自分の手で選択し創りあげていくものといえよう。

人生観の確立（5）――常に学び向上していくこと

『論語』にこのような言葉がある。

「学びて思わざれば則ち罔《くら》し、思いて学ばざれば則ち殆《あやう》し」

――学而不思則罔、思而不学則殆。

学ぶ時には受け身ではなく常に考えることが必要であり、考えてばかりで系統的に学んでいかないのも好ましくないということだろう。

また、中国古典の『礼記《らいき》』の中には、こんな言葉がある。

「学びて然る後に足らざるを知り、教えて然る後に困《くる》しむを知る」

——学然後知不足、教然後知困

自分に足りないものを知り、知らないことが何であるのかに気付くのが、本当の学問であるのだ。また、他人に教えてみることで、わかってくることもある。人に教えるというのは、自分が学ぶのと同義であるから、本当にわかっていない部分というのが教えることによってはっきりしてくるのだ。

安岡が高く評価していた佐藤一斎の言葉がある。幕末の儒学者として著名な彼の『言志四録』は、経営者の心の糧《かて》とされることも多い。

少にして学べば、則ち壮にして為すことあり。
壮にして学べば、則ち老いて衰えず。
老いて学べば、則ち死して朽ちず。

この佐藤一斎の言葉は、彼自身の信念であり、彼の名は「死して朽ちず」の通り、今でも忘れられていない。

次章で詳しく述べるが、安岡が私淑したともいえる王陽明は、人生において一番避けるべき心は「傲《ごう》」の一字だと説いた。

「俺は何でも知っているんだ」

「他人から学ぶことなど何もないよ」

「社長を二十年もやっているんだ。私が一番偉い」

このような態度、学ぶことを忘れた傲慢《ごうまん》さが墓穴を掘ることに通じるのである。私も多くの経営者の方々と接するが、名経営者に共通するのは全く傲慢でないということだ。皆、面白いように共通しているのが「謙虚」「素直」であるということだ。

常に自分の足らざるを知ることで、ますます学んでいこうという意欲も強くなってくるのである。

住友銀行（現・三井住友銀行）の頭取だった堀田庄三は、企業を育てる上で五つの方針があったという。それは、「おいあくま」というもので、次の五つである。

- おこるな
- いばるな
- あせるな
- くさるな
- まけるな

決して感情的になったり、あきらめたりせずに、謙虚にということになる。

また、ブリヂストン創業者の石橋正二郎は、他人の意見を受け入れることの大切さを述べている。

「人は謙遜と研究心、同情と責任感を持って、他人の言をすすんで聞き、忠告をよろこんで受け入れ、そうして正しいと認められるものは、勇敢に、虚心坦懐に、ただちに行わなければならない」

我以外は全て「師」なのだという心がけと、すぐに実行する「知行合一」の精神が伝わってくる。人の言葉を素直に認め、実践していけるのは君子の才能といえる。

人生観の土台をしっかりと築き上げて、その後にリーダーとして帝王学をマスターしていくと、やがてそれが経営に活かされて、ビジネスが順調に伸びていくことになる。ということは、結局ビジネスというのは人生観に通じるということになるだろう。その人の人生観が、ビジネスそのものとして表現されるともいえる。

「学ぶ」というのも人生観のキーワードであれば、「奉仕」というのもキーワードになり得る。ある人は「貢献」かもしれないし、「成長」という人もいるだろう。

いずれにしても、人生をどのようにとらえるかで、ビジネスは決まるのだといっても過言ではない。

「企業は人なり」といわれるが、あなたの人生観がイコール経営でありビジネスそのものなのである。

人生観の確立と日々の心構え

人生観をしっかりと立てることはたいへん重要である。しかし、たとえ樹立したとしてもそれだけでは不十分である。これは、人生目標にも共通していることだ。

例えば、営業マンが、前年度よりも二倍の売り上げを目標にしたとする。もちろん目標を立てるということはたいへん大事なことである。しかし、目標があっただけではそれは実現しないだろう。人生観だけ掲げてみても、何も実行しなくては結果とならない。

つまり、日々の行動と目標とがうまく通じていないと、思うような成果につながってこないのである。売り上げ目標は二倍にしても昨年と全く同じ行動をしていたのでは、売り上げが伸びないのはおわかりだろう。

日々の行動や心構えと、大目標との間には、実は大きなギャップがある。しかも、多くの人はこのことに気付かないで毎日を過ごしている。

真偽は別として、豊臣秀吉が城の石垣を築く仕事をしていた時のエピソードがある。

ある武士が、石垣を築いている男に尋ねた。

「ここでお前は何をしている?」

「はい、石を運んでいます」

「そうか」

武士は再び歩き始めた。次に出会った男に尋ねてみた。

「何をしているんだ?」

「私は、石を積んでいます」という答え。

そして三人目の男にも同様に聞いてみた。するとその小柄な男はこう言った。

「私は大きな城を築いています。この石はその大切な城の石垣となるのでございます」

これが、後年の秀吉だったという。


秀吉は、日々の行動と大目標とが通じていることを知っていたのである。だからこそ、天下を掌中にすることができたのである。


人生観も同様である。「人生は常に学び続けなくてはならない」と高く掲げてみても「面倒くさい」と、毎日寝てばかりでは、進歩がないのはおわかりだろう。大切なのは、日々の行動であり、その元になる心構えである。

もし、心構えがいつも積極的、肯定的なものであったら、立派な人生観を持って、それを実行していくのは容易であろう。大雨の翌日に、ぬかるみの地面に目を向けるか、それとも青空に目を向けるかの違いである。雨が降れば作物には恵みだと考え、晴れの日には心が晴れて気分も良いと常に考えられる人のことである。

こんな小話がある。老母に二人の子供がいた。一人は傘屋で、もう一人は下駄屋で働いていた。


雨が降ると、老母は嘆いた。

「こんな天気じゃ、息子の下駄が売れない」

晴れたら晴れたで、

「こんなに晴れたんじゃ傘が売れない」

とまた嘆くばかり。

そこで、お坊さんが老母に言った。

「雨なら傘屋の傘が売れ、晴れれば下駄屋の下駄が売れる。幸せなことではないか」

それを聞いて、老母は嘆かなくなり、毎日楽しく暮らしたという。まさに人生は心構え一つである。

明治時代の文豪、森鷗外にも同様のエピソードがある。森家に来客があり、お手伝いさんが客から時間を尋ねられた。そこで、「はい、もう五時です」と答えた。すると後で鷗外が怒ったという。「あんな時には、まだ五時です、と言いなさい。もう五時だというのでは、お客さんは早く帰れと言われたような気分になるから」というのである。

私たちは、知らないうちに心構えを否定的なものにしてしまってはいないだろうか。人生目標を実現させて、人生観を現実のものにしていくためにも、日々の心構えは肯定的なものにしていきたいものである。

「真珠王」と称されて、百歳近い長寿を保ったのが、ミキモト創業者の御木本《みきもと》幸吉である。御木本は、人生に大切なものとして、「智・運・命」を挙げている。

長年の経営者としての経験から、ビジネスの成功には「智恵」が欠かせないという。しかし、智恵ばかりではなく、やはり「運」がないと成功はない。この辺は、運の良い者しか採らなかったというエピソードのある松下幸之助にも共通している。

しかし、どんなにビジネスで成功してお金ができても、「長生き」しなければそれは活用できない。ということで三番目に「命」を加えたのだという。

安岡が歴代総理大臣や経営者たちの師として活躍できたのも、この御木本の説いた「智・運・命」を併せ備えていたからといえる。

もし、皆さんが乱れた生活をして、不健康に生きているのなら、ここで反省をしていただきたいものである。心構えと日々の規律ある生活が、あなたの人生観を確固たるものとしてくれるからだ。

人生観を持つことが運命にとっていかに大事かについて話を進めてきた。

人生の五計に始まり、安岡の六中観や固定概念の打破、あるいは運命は変えられるということについても説いてきた。

人生観を土台として、リーダーとして帝王学を身につけることは大切で、その中に「原理原則を教わる師を持つこと」が支柱としてあった。

安岡にとっての師は、王陽明であったのではないかと思う。確かに直接教わるというのでは時代も国も異なっている。が、安岡の説いた教えというのは、そのバックボーンに陽明の教えが確固としてあることに気付かされる。

そこで、次の章では安岡が王陽明から多くを学んでいったことに習って、私たちも陽明の教えや生きざまの中から、学びとっていこうと思う。もちろん、それは教科書的に学ぶのではなく、現代のビジネス社会に活用していくこと、安岡の言う「活学」として学んでいくのである。

第二章

陽明学に学ぶ、知行合一

great person

MASAHIRO YASUOKA

陽明に習う（1）——「心の中の賊」を打ち破れ

安岡は東京帝国大学を卒業した年に、若くして『王陽明研究』（玄黄社）を著している。

中国明代の儒学者、王陽明の哲学である「陽明学」は、安岡の精神のよりどころともいえた。また陽明は、ただの学者ではなく、実践家でもあった。

彼は兵部尚書《ひょうぶしょうしょ》（日本でいう陸軍大臣ともいえる）の王瓊《おうけい》から内乱地方の平定を任じられた。その際に、横水の賊を攻めた頃に手紙を楊驥《ようき》に出した。そこには有名な「山中の賊を破るは易く、心中の賊を破るは難し」の文句が書かれていた。陽明が四十代後半になっていた頃のことである。

当時、陽明は病を患い、体調は万全ではなかった。しかしそれを乗り越えて、敵を打ち破っていったのである。その陽明が「敵に勝つのは易しいが、己に克《か》つのは難しい」と言ったわけだ。

外から見たなら、学者であってしかも「将」として兵を率いる陽明は、己にも厳しく、克つことのできる人物に思える。しかし、その彼にとっても、己に克つのは難しいという。

ここは、己に克つのは難しいが、だからこそ打ち克とうとしていくことに価値があるのだと考えたい。

ビジネス上の契約、友人との約束など他人との約束事は、もし守らなかったら信用されなくなる。信用されないということは、ビジネスでは致命的である。特に製品間の質的な差のなくなってきた現代、「何を売るか」よりも「誰が売るか」にウエイトが移っている。属人的なビジネスなら、信用度が下がるのだけは避けねばならない。

ところが、「自分」との契約、約束というのはどうだろうか。

例えば、「健康のために禁煙しよう」と思い立ったとする。しかし、周囲に公言しない限り、そのことはあなたしか知らない。仮に「まあいいや」と、誘惑に負けて一本口にしたとしても、信用されなくなることはないと思う。

こういった心が身近なところでの「心中の賊」といえるのではないか。

ことは禁煙に限らず、あらゆる分野で自分に誓ったことは守り通すべきであろう。苦しいからこそ、やり抜いた時には自信につながり、自己を伸ばしてくれる。

一つの手段としては、不言実行だけではなく「有言実行」をも心がけていくことであろう。自分だけの誓約を周囲に公言してしまうことによって、自分自身に良いプレッシャーを与えるのである。

心中の賊の最大のものとして、自己を「まあいいや」と平気で破ろうとする怠惰な心を挙げたい。

心中の賊を打ち破ることが、私たちを成長させてくれる。

陽明に習う(2)——志を立てるための生活

孔子は、十有五にして学に志し、三十にして立つと説いた。人生八十年時代の今であれば、少なくとも不惑の四十までにはしっかりとした志を持って生きたいものである。

「志」、現在でいえば人生目標や生きがいについて安岡は『王陽明研究』の中で、立志生活には次のような三つのレベルがあると説いた。

「第一は勤勉な、むしろ他律的規範生活、第二は進んで自律的な規範生活、第三は完全なる自由の生活である」

これは、陽明が説いた次の三つと同じである。

一、困知《こんち》勉行
二、学知利行
三、生知安行

この三つは、現代のビジネス社会に生きる私たちにも当てはまるものであろう。

第一段階は、「ねばならぬ」の生き方である。あるいは、半ば他から強制されながらも学び、身につけていくというレベルになる。

この時期には、良き師につくか、良き友人・先輩に恵まれるかということが重要になる。良き師の言う通りにしなくてはならない。まだ人生真理を知らず、右も左もわからないのだから、教わった通りに実行していくことである。

ビジネスで「師」たる人物に出会ったら、歩き方や話し方、服装から趣味に至るまで、徹底的に真似ていくような生き方をしてみよう。あるいは、主旨に賛同できるような会があったなら、そこに定められた規範通りに生き、ビジネスも行っていくのである。

第二段階は、自分で意識的に自分を律していくことが柱になる。営業マンでいえば、会社から与えられたノルマをこなすのではなく、自分でノルマを設定していく時期となるだろう。

あるいは、社の方針管理をベースにすること以上に、自分の人生目標を達成するべく努力していく時期である。

そして第三段階になる。第二段階までは、いわば人生のテクノロジーともいうべきものだ。つまり、どのような人であっても他律的な規範生活、そして自律的規範生活をしていくことで「志」を強く持つことができるようになる。努力したなら、その結果は必然的に出るものだ。

ところが、そのような技術だけでは処理できないのが人生である。

「経験が大事」「当たって砕けろ」「体で物を言え」と言われるものも、技術で乗り切れない、人生には行動することが欠かせないということを強調したものだ。

安岡の言う「完全なる自由の生活」とは、「せねばならぬ」という強制されることとは無縁の世界だ。「上司の命令だから」「社の方針だから」ということを行動の指針とはしない。少なくとも、参考にするにとどめる。

第三段階は、他律と自律の規範生活を繰り返していく中で身についてくる「自分流」の自然な生き方である。体験主義であるが、リラックスして冷静に事に臨んでいくのである。

占いのルーツとして『易経』というものが中国では知られている。万物は陰と陽からなり、常に変化していく中に不変の原理がある、というのが易の基本的な考え方である。

易経の中に、次のような言葉がある。

「窮すれば変ず、変ずれば通ず」

――窮則変、変則通。

私たちのとらえ方では、半ばあきらめ、やけになった時に用いるような言葉に思えるかもしれない。しかし、本来そこには、落ち着いて物事を判断していけば、必ず事態は好転していくのだという信念があったはずだ。

完全自由な生活をしていける人は、ただの楽観論者ではなく、必ず良くなるのだという強い信念のもとに自然体で物事に接していける人である。この生き方こそが、陽明のような聖人へ至る道ともなろう。

陽明に習う（3）――スランプへの対応の仕方

私たちは仕事の上でスランプに陥った場合、どのように対応しているだろうか。

知人の営業マンに尋ねてみると、「若い時には喫茶店や映画館に入って、とにかく気分転換をしていた」という返事であった。

スランプ対策には二つあり、それは「天才型と努力型」「右脳型と左脳型」というように分けられる。

先の知人が言うには「仲間の中にも、売れない時にはいつも以上に長時間営業に励む者もいる」ということだ。つまり、二つのタイプに分かれるのである。

天才型・右脳型というのは、スランプになったなと感じたなら全く別のことを行うのである。周囲から見たら遊んでいるように見える。しかし、本人にしたなら心身共にリフレッシュされる「充電」の時に他ならない。だから、遊んでいながら本番には強いので「天才」に見えてしまうわけだ。

次に、努力型・左脳型は、コツコツと努力して、理屈で納得いくまで練習を繰り返していくのである。その中でスランプから抜け出そうとするわけだ。売れなくなるといつも以上に訪問してみたり、活動時間を多くとるというのはこのタイプの人だ。

世の中に「天才」は、ほんのわずかしかいない。凡人である私たちなら、スランプから脱出するには後者の方法をとるのが好ましいだろう。スランプだからといって遊んでしまうと、悪い結果を招くことになりかねない。

王陽明は『伝習録』の中で、日間の工夫ということを説いている。

「日間の工夫、紛擾《ふんじょう》を覚えなば、則ち静坐し、書を看《み》るに懶《ものう》きを覚ゆれば、則ち且《な》ほ書を看よ。是れ亦た病に因って薬するなり」

――日間工夫、覚紛擾、則静坐、覚懶看書、則且看書。是亦因病而薬。

つまり、日頃の修行で心が乱れてきたなら静坐（瞑想）をし、本を読むのも面倒になったらさらに本を読めということだ。また、病気に応じて薬を飲むことが大切だ。私たちの生まれ備えている潜在能力には、秘められた力がまだいくらでもある。だからつらいな、苦しいなと思っても行動してみればどうだろう。思いもしなかった能力に気付くかもしれない。

中国の東晋の時代、陶侃《とうかん》という将軍がいた。反乱を平定することにかけては右に出る者がなかった。

しかし、王敦《おうとん》に恨まれて広州に左遷されてしまった。中国の南の外れにあり、第一線に立つことは地理的に難しかった。

ところが、陶侃は平然としていた。そして、毎日、百枚の大きなレンガを屋外に出し、夕方になると屋内に入れることを繰り返していた。

「陶侃様、あなたのような人物が、なぜこんなことを毎日しているのですか?」

ある日、男から尋ねられて、陶侃は次のような意味のことを答えたという。

「私は決してこれで終わらない。必ず都に戻り活躍する日が来る。その日のために、こうやって苦労に耐えうる心と肉体を鍛えているのだ」

やがて都に戻された陶侃は、東晋の柱石《ちゅうせき》と呼ばれるほどの実力を発揮し、要職をこなしていったという。まさに日頃の心構えが、人生を成功させるかどうかの鍵になるといえよう。安岡も、東京に空襲が頻繁に起こった際に、静坐することは欠かさなかったという。陽明を心の師としていた安岡は、日間の工夫の大切さを実感していたに違いない。

道元の言葉に、

「仏道をならふといふは、自己をならふなり。自己をならふといふは、自己をわするるなり。自己をわするるといふは、万法に証せらるるなり。万法に証せらるるといふは、自己の身心《しんじん》および他己《たこ》の身心をして脱落せしむるなり」

とある。

日間の工夫も、まず自分自身の内面を探っていくような、「内への洞察」こそが基本となっていくのである。

陽明に習う（4）――知行合一で道を開く

陽明学の中でも、よく知られている言葉に、この「知行合一《ちこうごういつ》」がある。

『伝習録』では、知と行について次のようにある。

「知は行の始め、行は知の成るなり。聖学はただ一箇《いっこ》の功夫《こうふ》。知行は分かちて両事と作《な》すべからず」

――知者行之始、行者知之成。聖学只一箇功夫。知行不可分作両事。

つまり、知るというのは行動の始めであり、行動することは知ることが実際に「成る」もので、それらは一つのことだ。聖人の学問というのは一つの工夫があるだけで、知識と行動・実践とは別のものではない、といえる。

安岡が「学者」にとどまらず、日本の精神界のリーダーであったのも、彼の実践していた陽明学の持つ性格によるところが大きかったといえよう。つまり、知行合一を説くということは、実践的、行動的な性格を持つということがいえるだろう。

日本では「禅」に似た面が見られる。だから、例えば明治維新の志士たちは剣と同じように禅を学んだ。国を変革していくような「実践」を剣だけでなく禅に求めたのである。

禅では、机上の空論、いたずらの理論・理屈のことを「戯論《げろん》」と呼んでいる。これは知行合一が成されていないこと、すなわち行動の伴わない知識のことをいう。

谷中の全生庵といえば、幕末の三舟の一人、山岡鉄舟が参禅していたことで有名である。ビジネスと禅は一如であるとの志のもとに、経営者や政治家なども参禅に来ていた。

ある時、山岡鉄舟の姿を見つけた経営者が一人、頭を下げた。

「私はぜひ、鉄舟先生に『臨済録』のお話を聞かせていただきたいのです」

間髪を入れず、鉄舟の堂々たる音声が響いた。

「それなら、鎌倉の洪川老師がよいでしょう」

「いや、ぜひ鉄舟先生のお話を伺いたい」

経営者の熱意にうたれたのか、鉄舟はうなずいた。

「それでは、道場のほうへどうぞ」

経営者は正座して道場の隅に座っている。そして、早く鉄舟の話が始まらないかと、心なしかそわそわしているようだ。

経営者など眼中にないかのごとく、鉄舟は門人相手に稽古を始めた。

剣の達人であった鉄舟は、やたらに動くことはしなかったが、剣の一振り一振りは重く、門人は汗まみれである。始めはそわそわしていた経営者も、あまりに熱の入った稽古に、いつの間にか我を忘れて見入ってしまっていた。やがて、稽古の後に汗をぬぐいながら、鉄舟は口を開いた。

「これが私の『臨済録』です。禅を書物にとどめていては物の役に立ちません。実践に役立ててこそ本物です。私は剣でそれを示したのです」

経営者も大いに悟るところがあったという。剣禅一如と口で言うのは易しいが、鉄舟のように体で示すことは頭で考えるほど易しくはない。

それはまさに、知行合一の世界に生きるということである。

行動の大切さについては、孔子にも次のような言葉がある。

「君子は言に訥《とつ》にして、行いに敏ならんことを欲す」――君子欲訥於言、而敏於行。

口先よりも、行動で示すのが君子たるものであろう。

このことは、ビジネスにおいても言えることだ。理想を口にするのは良い。もしこのプロジェクトが成功したら、こんなにも利益があるのだと将来を語ることは良いことだろう。しかし、そこに行動が伴わなかったら、まさに「君子」とはならない。陽明学をビジネスに生かしていくとしたら、まず第一に「知行合一」を心がけ、学んだことを頭にとどめずに、実践に移していくことがポイントになる。

同僚のA君が、上司からほめられていたとしよう。

「君も見習いたまえ。A君の企画はすばらしいじゃないか」

ところが、あなたは内心でこう答えている。

「何だ、Aの出した企画なら、俺もずっと前から考えていたことだ」

しかし、あなたは頭の中で考えていただけである。A君はその企画をまとめて企画書に仕上げて上司に提出したのである。

これは、ほんの小さなことと思われるかもしれない。知行合一の世界に生きる者とそうでない者とは、長年の間には大きな差が出てしまうものだ。

天才的な発明家やノーベル賞クラスの大学者でない限り、人間の頭脳にはそう大した差はない。同僚のA君とあなたも同じである。

違うのは、知識を実践したかどうかだけである。このたとえは極端かもしれないが、知行合一することによって、あなたが正当に評価されていくことだけは間違いのないことであろう。

「そんなこと知っているよ」という声を聞いたことはないだろうか。しかし、知っているということは、「やってみる」「できる」というレベルとは全く次元が違うのである。

車の運転を習った時など、頭でわかったつもりでも体が動かなかったという経験はあるのではないか。ゴルフでも、理想的な形はわかっていても、その通りにできる人はまずいない。だから、知行合一という言葉だけを知っていても仕方のないことなのである。

そして、知識を実行に移していくことは時として困難を伴う。否、実行に移すのはいつでも楽ではない。しかし、そこであきらめないことだ。百キロのバーベルをいきなり持ち上げようとしたら、それはつらいことだろう。しかし、百五十キロを持ち上げるつもりで力を出せば、いきなり持ち上げるよりは「軽く」感じるはずだ。知行合一も同じである。

知識を実践していくには、困難なこともあるのだという心づもりがあったなら、滅入らずに取り組んでいくことが可能になるのだ。

陽明に習う（5）——一棒一条痕の気迫で自己を磨く

成功するための条件といえるのが「成功するまであきらめない」という心を持つことである。物事に徹するタイプの人は、成功しやすいのである。これはエジソンでも、松下幸之助でも、豊臣秀吉でも、洋の東西、古今を問わずいえることだ。安岡も机上の学問ではなくて実践の学問、知行合一の学問という「活学」に徹して生きた一人である。

陽明は知行合一で「体験」あってこその知識だということで、非常に体験を重んじていた。それもいい加減な気持ちではなくて、真剣に行うということである。「一摑一掌血《いっかくいっしょうけつ》、一棒一条痕《いちぼういちじょうこん》」というのが、物事に取り組む際の基本だというのである。一度つかんだら、そのものに血の手形がつくくらいにつかむこと。そして一度打ち込んだなら、傷がずっと後まで残るくらいに真剣に打ち込めというのだ。

一摑一掌血、一棒一条痕の気迫を持って私たちは日々の仕事を行っているだろうか。陽明の真剣さに比べたなら、反省すべき点も多いのではあるまいか。

同様に物事に徹するということでは、「陽明の五溺」が知られている。溺れるというと通常は否定的な意味で用いることが多い。例えば酒に溺れるとか、ギャンブルに溺れるという具合である。が、ここでは何事かを徹底して行う、真剣に取り組むという意味で用いている。

●国事

- 武
- 詩歌
- 神仙
- 老荘・仏教

この五つが、陽明が徹底して追究していったものである。

国を憂い、武芸に励み、それだけではなく詩歌の世界に身を置いて心の安定・情緒を満たそうとした。また、陽明は丈夫ではなかったので神仙の道で不老不死を求めるようなこともあったろう。それはやがて、老荘思想や仏教の死生観にも心を動かされていく。

陽明の五溺そのものを身につけろというのではない。あなたにとって「溺れる」対象を決めていただきたいのである。ある人はコンピューターであり、他の人にとっては企業診断かもしれない。気功に興味を示す人もいれば、スノーボードが好きな人もいるだろう。

対象は何であったとしても、あなたが徹底して続けていけるのなら、それはあなたを伸ばしてくれるものなのだ。やり抜く覚悟、気迫、勇気の類は、現代のビジネス社会で成功するのにも当然必要となる。好ましいのは、趣味や遊びに徹するよりも、仕事の中で一棒一条痕の気迫を生かそうとすることである。

知行合一に並ぶ陽明学を現代に活用していく柱ともいえるのが、「事上磨錬《じじょうまれん》（錬磨）」である。『伝習録』は何回か引用したが、陽明の言行を記録した書である。仕事の中、生活の中での実践で自分を磨いていくことが肝心なのだと陽明は説く。


「人はすべからく事上に在って磨くべし」

——人須磨在事上。


これは弟子の陸澄との会話の中で、師の陽明が答えた中にある言葉である。

「普段は心もよく働くのですが、問題に遭うとすぐに心が乱れてしまいます。どうしたらよいのでしょう」

　と陸澄が尋ねた。陽明の答えはこうである。

「静養（静かに心を安定させる）だけを頭でわかって、自分に克つ修行をしないからだよ。まるでそれは温室の花のようなものだ。何事かがあればすぐにつぶされてしまうだろう。私たちは全て実際の事に当たって自己を磨いていかねばならない。そうすればどんな事があっても、安定した心で対処できるよ」

　これは、十五世紀の中国での会話にとどまらない。そっくりそのまま現代の日本においてもいえることではないか。

　仕事そのものが修行であり、職場は道場。人生そのものが修行であり、生きることは自己を磨くことに他ならないという自覚を持ちたい。

陽明に習う（6）——左遷は成長するバネとなる

陽明は、エリートコースを歩んでいたといってよい。朱子学者の婁《ろう》一斎に学問の道を指導されたのが十八の時。それから十年で、進士となった。ところが、劉瑾《りゅうきん》の暴政に対する反対運動で投獄されてしまったのが陽明が三十五歳のことである。「左遷」されたのは、貴州省竜場。はるか遠方の地であった。

駅丞《えきじょう》に任命されたものの、実際に陽明の行う仕事は何もなかった。しかも中国は広大である。言葉が通じない、何の仕事もない、荒れ野原に放り出された陽明は逆境そのものにあった。その上、従者が病に倒れるというアクシデントも重なった。まさに、進退窮まったのである。

陽明自身は大官僚の子であったから、それまで生活上の苦労をしたことはなかった。が、竜場の地においては、自分で全てをやらなければならない環境に置かれたのである。

そして、陽明は左遷後二年、三十七歳にして悟りを得たのであった。

「聖人の道は吾が性みずから足る。さきに理を事物に求めしは誤りなり」

つまり、真理は我の外にあるのではなくて、内在するものであると気付いたのであった。

劉瑾は圧制をしいていた。それは十四歳の武宗が即位したのをきっかけに、武宗を宦官の劉らが自由にコントロールしたからだった。正義漢の陽明は、どんなに強大な相手であっても、間違ったことは許せずに立ち上がったのである。

「随処に主となれ」というが、陽明は積極的に地元の人々の言葉を覚え、親交を深めた。また、次々に住居や書院をつくっていき、静坐・読書・思索の時を過ごすのであった。左遷されても落ちこまずに、むしろ学問を深めていくための絶好の機会なのだと肯定的にとらえたのである。

上司に叱られると、誰でも感情的になったり反発したりしたくなるものだ。「遅刻するな！」と怒鳴られれば、「自分だって一週間前に遅刻したじゃないか」と喉まで出かかるだろう。しかし肯定的にとらえたならどうだろう。「自分の乱れた習慣を改めるようにとアドバイスしてくれた。自分のことを思ってくれてのことだ」と感謝することもできるだろう。

陽明は、左遷をも肯定的に自己を伸ばすチャンスだと考えることができたのである。それだけでなく、病気になった従者の看病・世話という献身的な行為も欠かさなかった。あるいは、身の回りの整理から、木の切り出し、水汲みなど自分で全てを行っていった。これは先述したように、左遷させられる前の陽明には考えられなかった行動であった。

これらのことは、全て現代の私たちが行ってみることで、何らかの発見もある、意義深いことではないだろうか。

つまり、毎日一定時間の瞑想を行ってみること。看病に限らず、例えば町内会でも国際的な活動でも、奉仕活動を進んで行ってみること。そして、独身時代に戻ったつもりで身の回りの仕事を全て自分の手で行ってみること。

これらを意識して行っていくことによって、新しい発見もあるのではないか。

左遷の中で、陽明は朱子の説いた「格物致知《かくぶつちち》」のテーマに毎日黙想して取り組んだ。陽明が悟った〝格物〟とは、物事に対して少しの妥協もせずに百パーセント客観視すること。そして〝致知〟とは、これの主観を徹底的に磨きあげていくこと、という格物致知に対しての認識である。


安岡は、王陽明の生きざまを研究していく中で、「左遷」をバネにした彼の底力に共鳴したと私は信じている。私たちもその陽明から学ぶところは大であろう。

禍《わざわい》を転じて福となす生き方をするには、物事を常に肯定的にとらえることが条件となることは忘れてはならない。随所に主となり、どんな逆境にあっても成長のバネとしたい。

リコー三愛グループの創業者であった市村清は、「三愛」を経営理念としていた。

三愛というのは「人を愛し、国を愛し、勤めを愛す」ということだ。もし市村のような精神を常に持っていたとしたら、たとえ左遷であってもどのような環境にいたとしても、「勤めを愛す」ことで楽しむことができるであろう。

陽明に習う（7）――自分を磨き社会に有用な人物となる

陽明学が目標としたのは、朱子学も含めた他の儒学と同様に「修己治人《しゅうこちじん》」であった。つまり、自分を磨き有用たる人物となることである。そのための方法として、陽明学では二つの柱を設けた。

一つは、実際の事に当たって自分を磨き高めていく「事上磨錬」である。

もう一つは、「省察克治《せいさつこくち》」であった。

省察克治というのは、自分の欲望を一つ一つチェックして改善していくことである。

陽明は、欲望というのは「雲」であり、本当の自己は雲にあらずして太陽や青空そのものであると説いていた。だから、自分を高めていくための「人欲」を検討し、反省し、私たちにとって良くない欲望を取り除いたり、改めていくことが必要であるとしている。

陽明の教えでは、欲望については、これを全て否定していない。より向上したい、孝行したい、もっと学問を追究していきたいといった類の、いわば「プラス」の欲望というものもあるからだ。

だから、省察克治とは、自分にとってこの欲望はプラスなのかマイナスなのかを判別していくことだといえよう。

省察克治というのは、個人レベルでの話である。現代では、例えば自分の会社、自分の人脈、あるいは地域社会というように社会的なレベルまで拡大しての省察克治が望まれるだろう。

陽明の時代に、彼が社会の弊害だとして挙げたのは、次の三つであった。いわゆる「三弊」である。

一、名器の大濫
二、選用の太忽《こつ》
三、求効の太速

名器の大濫というのは、官職にあるものが乱れ、不正な行いを続け、でたらめに振る舞うということだ。

選用の太忽は、行政上での人選が時として間に合わせで、いい加減なことを示す。

求効の太速は、成果をあまりにも早く求めていくことによる弊害である。

現代の「汚職」「疑獄」、あるいは「不正人事」などを見るまでもなく、三弊の害は現代でも十分に通じているものだ。あるいは、ハウツー本が売れ、人々はあまりにも早く結果ばかりを得ようとするところなど、陽明は現代社会について警告しているようにさえ思われる。

本書で、陽明学について説いてきているのも、安岡が陽明から多くのものを学び、人生哲学を築いていったからだ。私たちも、陽明学の知恵を活かしていきたいものだ。

まず、個人のレベル、そして社会的なレベルに拡大しての「省察克治」を徹底していこう。さらに、社会の「三弊」について、常に頭から離さずに鋭い「監視」「批判」「観察」を続けていきたい。もちろん、何事であっても成果を得ることを焦らないことも大切である。

社会において有用な人物とは、どのような人のことをいうのだろう。

企業単位でも、個人単位であっても、「社会貢献」している人は、そのまま「有用」な人物と呼ぶことができよう。あるいは、人的なサービスを与えていくということも有用な人物の条件といえよう。

サービスは大きく分けて四つの分類ができる。

一、物理的（フィジカル）サービス

二、物品（マーチャンダイジング）サービス
三、口頭（リップ）サービス
四、付加（アディショナル）サービス

これはアメリカでの分類であり、いささか機械的な感もする。「リップ・サービス」が、その中でも「人間性」を感じさせるものであろうか。

サービスの基本というのは、物よりもむしろ心であろう。顧客の立場に立った言動であれば、それはサービスといえる。心の底からの笑顔であったなら、立派に「無財」のサービスとなる。

サービスも含めて「与える」「貢献する」「奉仕する」といったことのできる人は、自分で気付かなかったとしても、社会に求められている有用な人物なのである。

陽明に習う（8）――生涯の師を探してでも見つけ出す

先に触れたが、王陽明が学問の道に目覚めたのは、婁一斎と出会って以来だという。時に陽明は十八歳。当時、十五世紀末から十六世紀にかけての中国は、出世のための「科挙」合格を目指して、学問に励む者が大半だった。

若き陽明であったが、このような風潮には大反対であった。彼が信じたのは、学問は受験のためにあるのではない、ということだった。社会に有用な「聖賢」になることこそが、学問の目的だと信じていた。

陽明が広信府に婁一斎を訪ねた時、一斎は六十八歳であった。陽明と会話を交わした一斎は、「お前は私と同じ考えを持っているな。気性も似ている」と一目で陽明を気に入ったという。

安岡は、婁一斎と王陽明との出会いを思う時に、朱子（朱子学の創始者）とその師である李延平《りえんぺい》との出会いを思わずにいられないと『伝習録』に書いている。

このとき朱子は、若くして儒仏の教えを研究していた。当時二十四歳であり、李延平は六十代である。すでに自分の学問を体系づけていた朱子が、延平に自説を語ると、「不是（いいえ）！」と一蹴されたという。

朱子を説き伏せるだけの論客が当時はいなかったらしく、李延平に一喝された朱子青年はショックであったと思われる。しかし、彼が偉いのは李延平のもとに通い、さらに自分の至らない点を補い、学問の完成を目指したというところであろう。

王陽明と婁一斎、朱子と李延平のように、たとえ年は離れていようとも互いに「君子」として付き合い、師弟として学問を磨くことはできるのだ。陽明や朱子のように、生涯の師を持てた者は幸せである。

「君子に三戒あり」

――君子有三戒。

孔子の言葉である。つまり、青年時代には「色」、すなわち色欲のコントロール、壮年時代には剛であり「闘」、つまり闘争欲のコントロールが必要ということだ。そして、老年期には「得」、つまり物欲を自重していくのである。妻一斎も李延平も、共に物欲を戒める年に達していた。一方、陽明と朱子は、色欲から闘争欲に至る時期であった。だからこそ学問のみならず、人生の先輩としての師から学ぶところは大きかったと思われる。

陽明の門下にも、優秀な弟子が多かった。

「陽明学の朋友（師を同じにするものを朋、志を同じにするものを友という）におけるは魚の水におけるがごとし」と、朋友の重要性を説いた王竜渓《おうりゅうけい》。役所に勤めていて、子供の危篤の際に陽明から「事上磨錬」の大切さを悟らされた陸澄。街中の人の全てが聖人だと陽明に報告した羅石《らせき》。そして、孔子の顔回《がんかい》ともいえた、早逝《そうせい》した徐愛《じょあい》……。

生涯の師を持てた陽明であったからこそ、優秀な弟子にも恵まれたのだといえよう。

安岡もまた、政財界のトップクラスの人々を弟子とするほどの力量を持っていた。

大切なことは師を持つことである。どんなことをしても見つけ出すぐらいの気迫で、生涯の師との出会いの場をつくり出そう。

陽明に習う（9）――中庸の精神が自己を伸ばす

孔子を語った言葉として「意なく、必なく、固なく、我なし」というものがある。自分の主観だけで何かを判断する「意」。無理矢理に自分の考えを通そうとする「必」。何かにこだわり、執着してしまう「固」。そして自分のことだけしか考えないわがままな「我」。孔子にはこれらの欠点がなかったのだということだ。

陽明は、学問を学んでいく時の心の「姿勢」として、中庸が好ましいものだと考えていた。それは、今の言葉でいえば、適度なストレスのある状態といえよう。

陽明が弟子を教えている時に、一人の青年が正座して、かしこまった姿勢で聞いているのを見つけた。

「学問をする時に、あまりにも堅苦しく構えてしまうのは、むしろ害があるのだよ」

尊敬する陽明の言葉に、青年はおそるおそる尋ねた。

「なぜですか？」

「君のように真剣に学ぶのは立派なことだ。しかし、度を越してしまうと、態度や形にばかりとらわれてしまい、肝心の心のほうがおろそかになるからね」


これは、人間関係でも同じであろう。裃をつけて、いつまでも改まった話し方をしていたのでは親しくなれないものだ。もっと自分をオープンにすること、リラックスすることで人間関係は良くなる。人間は鏡のようなもので、こちらが緊張すると相手も緊張し、リラックスすると相手もリラックスしてくるものだ。

安岡について、住友生命の元会長、新井正明氏は次のように評している。

「先生は常に悠揚《ゆうよう》迫らず、端然としておられましたが、そのお人柄は〝温にして厲《はげ》しく、威ありて猛からず、恭にして安し〟でありましたので、永年先生に接しておりました私共には、その温かい人間味がしみじみ感じられました」

まさに、安岡が中庸を体現していたことを示してくれるものだ。

さて、適度にリラックスすることは、学問を追究していく上では欠かせないが、適度であることは当然である。

王陽明にも次のような逸話がある。

陽明が講義をしている時、礼儀をわきまえずに荒々しく、部屋で騒ぎ回った者がいた。陽明は他の弟子に向かって、その男の態度について言った。

「ここが学問探究の場であることは君たちにもわかっているね。しかし、あの男には全く緊張感もなければ真剣さも感じられない。心と体が分裂してバラバラになった状態だ。この状態もとても好ましいとはいえないものだ」

真剣さは必要だが、堅くなりすぎてもいけない。かといって、リラックスしすぎて緊張感がなくなってしまうのも困るのである。

私たちのビジネスへの取り組み方は、どうであろうか。方針管理やノルマによってストレス度は高まり、緊張の極みにないだろうか。あるいは「大企業病」に毒され、単調な日々で心が緩み切ってしまってはいないだろうか。陽明の学問追究と同じように、ビジネスも「中庸」の態度で取り組んでいきたい。

中庸というのは、決して二つを合わせて二で割るといった安易なものではない。

例えば、人間には二面性があり、孟子のように性善説に立ち、理想的に物事をとらえる人もいる。これは、善し悪しということではなしに、多かれ少なかれ人はどちら

郵便はがき

料金受取人払郵便

日本橋局
承認

8863

差出有効期間
2024年8月
11日まで

切手をお貼りになる
必要はございません。

103-8790

953

中央区日本橋小伝馬町15-18
EDGE小伝馬町ビル9階
総合法令出版株式会社 行

本書のご購入、ご愛読ありがとうございました。
今後の出版企画の参考とさせていただきますので、
ぜひご意見をお聞かせください。

フリガナ お名前	性別 男・女	年齢 歳
ご住所 〒 TEL ( )		
ご職業 1.学生 2.会社員·公務員 3.会社·団体役員 4.教員 5.自営業 6.主婦 7.無職 8.その他( )		

メールアドレスを記載下さった方から、毎月5名様に書籍1冊プレゼント!

新刊やイベントの情報などをお知らせする場合に使用させていただきます。

※書籍プレゼントご希望の方は、下記にメールアドレスと希望ジャンルをご記入ください。書籍へのご応募は1度限り、発送にはお時間をいただく場合がございます。結果は発送をもってかえさせていただきます。

希望ジャンル: □ 自己啓発 □ ビジネス □ スピリチュアル □ 実用

E-MAILアドレス ※携帯電話のメールアドレスには対応しておりません。

お買い求めいただいた本のタイトル

■お買い求めいただいた書店名

(　　　　　　　　　　)市区町村 (　　　　　　　　　　　　)書店

■この本を最初に何でお知りになりましたか

□ 書店で実物を見て　□ 雑誌で見て(雑誌名　　　　　　　　　　　　　　)
□ 新聞で見て(　　　　　　　　新聞)　□ 家族や友人にすすめられて
総合法令出版の(□ HP、□ Facebook、□ Twitter、□ Instagram)を見て
□ その他(　　　　　　　　　　　　　　　　　　　　　　　　　　　　)

■お買い求めいただいた動機は何ですか(複数回答も可)

□ この著者の作品が好きだから　□ 興味のあるテーマだったから
□ タイトルに惹かれて　□ 表紙に惹かれて　□ 帯の文章に惹かれて
□ その他(　　　　　　　　　　　　　　　　　　　　　　　　　　　　)

■この本について感想をお聞かせください

(表紙・本文デザイン、タイトル、価格、内容など)

(掲載される場合のペンネーム:　　　　　　　　　　　　)

■最近、お読みになった本で面白かったものは何ですか?

■最近気になっているテーマ・著者、ご意見があればお書きください

ご協力ありがとうございました。いただいたご感想を匿名で広告等に掲載させていただくことがございます。匿名での使用も希望されない場合はチェックをお願いします□
いただいた情報を、上記の目的以外に使用することはありません。

かに偏りがちであるということだ。つまり、孟子も荀子も正しいと考えていけるのが真の中庸であろう。

経営についてなら、ダグラス・マクレガーはX理論に対してのY理論、つまり、孟子的な性善説に立つといえよう。心理学でいえば、アドラーやマズローは人間の「明」の部分に特にスポットを当てており、孟子的である。が、フロイトなどは「暗」にスポットを当て、どちらかというと荀子的かもしれない。

真の「中」というのは、問題を解決していって、より高いレベルに至ることをいう。平均値というのでは決してないのだ。中庸であることも修行であり、ある意味では覚悟のいることだ。

陽明に習う（10）——万物一体の仁を知る

知行合一や事上磨錬と同じように、陽明学の柱ともいえるのが「万物一体の仁」である。

安岡は、広い度量の持ち主であり、来る者は拒まずの姿勢で、自然体であった。万物一体の仁が表れるのは、どのような人間でも魅了してしまう「人間力」とでもいうものが備わった「人物」の証しである。

評論家の伊藤肇が、雑誌で安岡を批判したところ、本人から会いたいとの連絡があった。安岡何するものぞ、との気概で伊藤は出かけていった。


「料亭の一室で師と対坐したとき、まず、人間の器がてんで違うことを、いやというほど思い知らされた」

「この日の邂逅《かいこう》こそは筆者の人生にとってまさに決定的瞬間だった」

「飄々《ひょうひょう》として明るく、悠々として大きい師の風格に接して、完全に参ってしまった」


（伊藤肇著『現代の帝王学』プレジデント社）

こんな風に、完全に安岡の人間の品格に、伊藤は参ってしまったのである。人物評論で独自の境地を開いた伊藤の心を動かしたのは、「万物一体の仁」を体で表していた安岡の人間の魅力であった。

それでは、万物一体の仁というのはどういうものだろうか？

まず人の世界でいえば、「自分と他人」という考え方ではなく、「同じ人類、同根」なのだという眼を持つことである。他人をも家族同様に温かい眼で見られたなら、人間関係はずっと楽なものになる。他人の喜びを、あたかも自分の喜びのように喜べるだろうか。「自他一如」というのが、人間関係における万物一体の仁である。これは人間に限ったことではなく、大地も動植物も、たとえ鉱物であっても「自分」と一体のものであるというのが「万物一体」の考え方である。

例えば、地球という惑星を一つのものと考えてみたなら、地球上のありとあらゆる物は「一体」だというのがよくわかる。太陽の周囲を回っている地球をイメージしたなら「自分と他人」という区別もなくなってしまうし、万物は一つのものの一部ということもわかってくる。さらに拡大して太陽系を一つの塊、銀河系を一つの塊と考えていったなら、皆一体であり、自他の区別をするのが愚かにも思えてくる。

我が強くてすぐに他人と衝突してしまうような人には、ぜひ「万物一体の仁」を思っていただきたい。

「人は天地の心であり、天地万物はもと吾と一体となるものである」

——夫人者天地之心、天地万物本吾一体者也。

陽明に習う（11）——人生の大病は傲《ごう》のみなり

陽明学から学ぶことの最後に、私は「心即理」（陽明学の理念）を挙げておきたい。

どちらかというと「知行合一」はよく知られており、陽明学は行動の哲学として理解される。これは、もちろん間違いではないが、陽明は何もガムシャラに行動しさえすればそれでよいというのではなかった。私たちの「心」にウエイトを置いていたのである。

朱子は「性即理」（朱子学の理念）で、事物のそれぞれに一理ありだと主張した。これに対して、陽明は「心即理」であって私たちの心の良知こそ理なのだと説いたのである。

唯物論と唯心論を比較するのに似ているかもしれない。ハード対ソフトであれば、性即理はハード中心、心即理はソフト中心といえるだろう。

無我の心になり、素直な生まれたてのような心になった時に、私たちは真に人間性を回復できるのだといえる。では、素直でない心の状態とは、いったいどのようなものであろうか？

代表的なのは傲の心、傲慢の傲である。つまり、周囲を見下し、自分は反省もせずに、謙虚でない心の状態である。

子が傲であれば、「不孝」になる。臣であって傲なら「不忠」。父親が傲である時には「不慈」となり、友となって傲なら「不信」と陽明は説いたのである。

『伝習録』の中に次のような言葉がある。覚えていてほしい。

「人生の大病はただこれ一の傲の字なり」

——人生大病只是一傲字。

素直な心であれば、それがそのまま理、つまり真理、道理、正、誠であるというのは、性善説の立場であろう。今でいうポジティブシンキング、つまり積極的な心構えで物事をとらえていったのが陽明であろう。否定的に考えたなら、人間の心は本来悪だとする性悪説的な立場になるだろうからだ。

現代の企業における部下の評価にしても同じことがいえる。「心即理」だと信じていたなら、評価するのも相手の「肯定的」な面、つまり長所に目を向けていくことになる。そして、どれだけの成果を上げたかで判断していくことになろう。いわゆる加点主義である。

日本の企業は、心即理をベースにしたといえる加点主義をとっているケースは少ない。ミスの回数、どれだけ会社に損害を与え、どのような短所があるのかを中心に評価していくのが「減点主義」であり、日本方式は残念ながらこちらが主流となっている。残業・早出よりも遅刻に目を向ける。どれだけ成功したかよりも失敗にウエイトを置くのである。

人を評価し育てていく場合、部下たちに「そのままの状態でできるのだ」と肯定的にとらえてもらいたいものである。トップの心構えが部下に伝染し、やがては「社風」を創り出していくからだ。

呉競《ごきょう》が著し、唐の太宗と重臣との会話をまとめたのが『貞観政要《じょうがんせいよう》』で、リーダー必読の書といわれている。その中で、太宗は王と人民との関係について述べているところがある。これはトップやリーダーと部下の関係についてもいえることだ。

「流水の清濁はその源に在るなり」
——流水清濁在其源也。

そして源である人間には、「心即理」をモットーとして、肯定的に物事をとらえることのできる「才」が必須であろう。

安岡は、歴代首相の指南役といわれた「源」に居た人物である。当然、陽明学の実践者であり、「心即理」については十分に知り尽くしていた。

素直な心、ありのままの心、「心即理」というのは、「無心になる」ことでもある。

無用の用を知る——老荘に学ぶ

ビジネスにおいては、ある程度「功利的」にならなくては生きていけない面はある。

だからといって、「利」のみに走っては、「人間」として大成できないことは古典を持ち出すまでもない。

老子は、無用の用を説く。老子というのは孔子と同時代の楚《そ》の人だともいわれているが、同時代の道学者の間の格言や警句を集めた書物を指して『老子』といっていたという説も根強い。つまり、実在の人物ではないという説だ。いずれにしても、先人の知恵が説かれていることには間違いない。

老子の説く無用の用というのは、器でいえば器の中の空間にあたる部分である。

ここに一つのコーヒーカップがあったとする。しかし、もしカップの中に何もない空間がなかったなら、コーヒーを注ぐことはできない。これが無用の用である。『淮《え》南子《なんじ》』では、鳥を捕まえる網で、無用の用を説明している。つまり、小鳥を捕まえた網は一つの目だけである。しかし、始めから一つの網の目しかなかったら、おそらく小鳥は捕まらない。他の用のないように思える多くの網の目も、立派に用をなしていることになる。

小手先のテクニックを排除して、内にある働きにより、あえて為《な》さずにいるのが老子の「自然」である。無為自然ということだ。これは、ビジネスや政治といった実生活の中で活用していくことも十分に可能だ。

老子の考えは、国が乱れ自然の道徳が失われているから、人為の道徳や君子が必要になってくるのだということだ。国が安定し、人心も調和していたなら、無為自然で構わないというわけだ。むしろ、法を厳しくし、道徳をやかましく口にするのは逆効果だということになる。

政治においては「大国を治むるは小鮮を烹《に》るがごとし」だという。つまり、小魚を煮るのには、なるべく手を加えず、何もしないでいるということ。これは政治も同じだというのだ。

ビジネスにおいてもどこまで無為が効力があるかは別として、少なくとも発想を転換して、どこかに光明を見いだすきっかけになるかもしれない。

加工されていない荒木を樸《ぼく》と呼ぶ。また、色を染めない生地の布のことを素という。

「樸に復帰す」とか「素を見《あら》わし樸を抱く」という老子の言葉でもわかるように、あくまでも自然に還っていくことで理想郷が現出するのだと考えていたようだ。「徳の厚きこと赤子に比す」ともあるように、老子は赤子のようなこだわらない、とらわれない自然体にこそ「徳」もまた備わると考えた。人為的な徳ではなく、徳は生得のものという立場である。

老荘のもう一方、荘子というのは実在の人物であるようだ。荘子には、「無差別の自然」という考え方がある。それは、汚いとかきれい、長命とか短命、幸福とか不幸といったものは人が勝手に定めたものであり、本来の自然は「ありのまま」で全ては等しいのだという思想である。だから、人の力ではどうしようもない場合は、運命に従うのが至上の徳だということが説かれている。幸福も不幸も区別なしだったら、どんな運命でも従えるし、不安もなくなってくるわけだ。

ということは一切を全てあるがままに受け入れることになり、「生と死」すらも等しいものであるという考えに行きつく。それは虚無主義ではなくて、死をも恐れなくなるという肯定的な側面を持っている。

荘子においては「気」が集合すると生となり、離散したら死なのだととらえられ、生死は等しく、循環していくものなのだという考え方である。

老荘というと、無為自然であって、何もしないことのようにもとられがちだが、人間の場合は自然になるために「修行」「訓練」が欠かせないと考えている。

庖丁《ほうちょう》という名の料理の名人がいた。梁《りょう》王の文恵君に牛を料理して出すことになった。その刀の扱い方は、芸術的でさえあった。

王は「見事なものだ。ここまで熟練できるのか」と称えた。

すると、庖丁は答えた。

「私は道を好んでおりまして、技術だけでここまで来たのではありません。初めての牛料理の時は、牛しか目に入りませんでした。しかし、三年も経つと牛は目に入らず、今では牛を見るのではなく、〝無心〟で刀を動かすだけで自然に上手に料理ができるようになったのです」

また、有名な木鶏《もっけい》の話も、闘鶏をトレーニングしていくことによって、「自然」を創り出したということになろう。他の鶏を見たり、声を聞くと興奮したり強さを誇ったりしていた鶏が、名人のトレーニングによって、まるで木でできた鶏のように堂々と、落ち着きはらった闘鶏になるのである。

この話を聞いた戦前の大横綱、双葉山が、安藝《あき》ノ海に七十連勝目をはばまれた時に(大相撲連勝記録の69連勝でストップ。未だ破られていない)、船上にいた安岡に自分はまだ木鶏になれなかったと電報を打ったというエピソードもある。

『童心残筆《どうしんざんぴつ》』にも、荘子の木鶏のエピソードを読んで感嘆したと書いているほど安岡も、老荘の研究は深かった。自身が「瓠《こ》堂」と号したことも、『荘子』の中の無用の大用からのものであった。

恵子が荘子と対話している。恵子は、大瓠があまりに大きいので、物を入れるにも重く、杓《ひしゃく》にしようにも何も入らぬほど平らで大きい。そこで砕いてしまったと荘子に語った。荘子は、もしそんな大瓠があるなら、樽にして江湖に浮かぶことを考えたらいいと言った。つまり、用い方の工夫次第だというわけだ。

自分を瓠にたとえて、無用の大用を説かんとした安岡の「大きさ」を感じさせてくれる話である。

無用の用、無為自然、そして人は訓練・修行をしていくことにより「自然体」になれる。私たちが老荘から学べることは大きい。

第三章

帝王学が人物をつくる

great person
MASAHIRO
YASUOKA

帝王学の基本は良い人間関係にある

先に、安岡の説いた帝王学の支柱となる三項目について述べた。

それは、「師・側近・幕賓」を持つということである。

ところが、中には「良き側近」「良き幕賓」を持てば良いのだというと、誤解する人が出てくる。それは、何にでも反対せず、とにかく賛同する者が良い側近であり、幕賓であるというものである。

安岡が説いたのは、「直言してくれる側近」の重要性であった。主人本人（あなた）にとってはあまり気分の良くないこと、頭の痛くなるようなことをズバリと口にしてくれる者こそ、側近として求められるのである。イエスマンが良い側近とはならない。

幕賓についても同様で、安岡は「良き幕」と言ったが、同じ意味である。良きアドバイザーであるから、改善点を示唆してくれたり、おごりはないかをチェックしてくれる役割の人である。もちろん、ビジネス上のヒントを与えてくれる人ともいえよう。だから、むしろあなたにとって嫌なことを言ってくれる人は、必要なのである。

豊臣秀吉の前半生における竹中半兵衛や後半生での黒田官兵衛、あるいは直言の度を越したために死を命ぜられた千利休など、幕賓なくしてトップは成り立たないとさえいえる。

師・側近・幕賓は、あなたをとりまく人間関係全てということができる。

アメリカでのある調査で、大企業の会長、社長、副社長クラスに、若い時にどんな勉強をしたことが今の自分づくりに役立ったかと問うアンケートをとったところ、実に七十二パーセントが「コミュニケーションにかかわる勉強」だと答えたそうだ。

洋の東西を問わず、トップに立つような人には、コミュニケーションを含んだ人間関係について学ぶことが不可欠のようである。

「益者三友、損者三友」という。もちろん私たちが友とするのは、前者としての三友である。

「直《なお》きを友とし、諒《まこと》を友とし、多聞を友とするは益なり」と『論語』にある。つまり、剛直である人、誠意がある人、教養のある人というのは、自分にとって「益」、ためになる人だという。

逆に「便辟《べんぺき》を友とし、善柔《ぜんじゅう》を友とし、便佞《べんねい》を友とするは損なり」という。易《やす》きにつく人、人あたりの良いだけの人、口先だけの人というのは自分のためにならない友人だというわけだ。

良い師と友人に巡り合うことは一生の宝となる。益者三友、損者三友は孔子の知恵であり、友を見抜く時のバロメーターとなってくれよう。

また、ビジネスのパートナーというのも、ある意味では「友」ということができるだろう。よきパートナーに恵まれることは、企業が繁栄していくために欠かせない条件のように思う。

例えばソニーの盛田昭夫と井深大、本田技研の本田宗一郎と藤沢武夫、ワコールの塚本幸一と中村伊一というように、良き協力者、友がいると企業は伸びる。

協力者としての友の場合には共通点がある。それは、互いに自分にない物を持つ人が協力者になっているということだ。これは「能力」「技能」という点からしてもそうだし、性格面においても同様である。

「類は友を呼ぶ」というのは、この性格や技能が同類というのではない。「志」が同じであり、共に「徳性」を備えた人物が魅《ひ》かれ合うのである。

今以上に友、ビジネスパートナーに対して理解を深めていきたいものである。

自己開示の重要性

先に、帝王学の支柱は人間関係を整えていくことだと記した。その中で、心理学の観点から、「自己開示」の重要性が説かれている。

私たちが他人と接していく場合、それが側近でも幕賓でも、あるいは師であっても同じだが「秘密」にしている部分を持っている。いわばプライベートに属する部分で、誰にでも家族にすら話さないようなことがある。

実は、この隠している部分が大きければ大きいほど、自己開示とは逆の状態になる。なぜなら、自己開示というのは自分をさらけ出してオープンにしていくということだからだ。企業の情報公開（ディスクロージャー）と同様に、人も自らをオープンにするのが自己開示（セルフディスクロージャー）である。

心の健康に大切なのは、自分と他人が〝共有している〟という心の部分が増えることだといわれる。つまり、自己開示して自分をオープンにしていくと他人にもあなたのことがよくわかり、心の「共有部分」が大きくなってくる。隠し事が多いと、相手はいつまでたってもあなたのことを知ってくれず、親しくなれないものなのだ。

自己開示というのは、いわば自分で自分のことを語ることにあたる。が、相手、周囲だけが気付いていて本人が自覚していないことというのは数多いものだ。

「直言してくれる側近」が必要だというのは、このような「盲点」を鋭く示してくれ、リーダーのためになるからである。何が改善点なのかがわかれば、すでに問題は解決したのも同然といえよう。

心理学的には、自分の気付かない点を語ってもらうことを「フィードバック」と呼んでいる。側近からの直言は、良きフィードバックとなってくれる。

これは、側近としての心得にもつながるが、フィードバックするにも条件がある。何でもトップの〝陰〟に陽の光を当てればよいわけではなく、守るべき一線はある。

また、帝王学をマスターしていこうとするならば、正しいフィードバックとそれを外れた、ただの悪口や非難とを区別していかなくてはならない。この「正当な」フィードバックについては、明の洪自誠《こうじせい》の編による中国古典『菜根譚《さいこんたん》』の中で人間関係について説いた部分に詳しい。

「人の小過を責めず、人の陰私を発《あば》かず、人の旧悪を念《おも》わず」

——不責人小過、不発入陰私、不念人旧悪。

一つ目に、どんな人間であっても、小さな過失はあるものだ。フィードバックというのは、自分でも気付いていない自分の見えない「心」を示してもらうことにある。しかし、小さな気付かないミスばかりを言われても、大きく自分を変えることにはつながらない。また、側近も小過をフィードバックだと誤解してはならない。

例えば、「社長のこの前の論文に脱字がありました」「靴のヒモがほどけていました」という類は別に知らせてもよいが、フィードバックにはならない。

「社長は人前で叱りますが、中には非常に恨んでいる者がいます」「訓話の時間が少し長いように思いますが」といった建設的で、改善につながるものが正しいフィードバックといえよう。

二つ目に「人の陰私を発かず」だ。側近も幕賓も、たとえ師であっても、本人の隠し事に立ち入ってはならない。ここで一線が必要になるのだ。本人が自己開示したいことなら別だが、意識して隠していることには立ち入らないのがルールである。

三つ目に「人の旧悪を念わず」だ。側近として大切なのは「現在」のトップへの直言ということだ。過去に目を向けて、古傷を暴くようなことは何のプラスにもならない。

人間関係を良くしていくのが帝王学の基本だ。『菜根譚』では、自分の人格を高めていくにも今の三つは有効で、しかも他人から恨まれることもないと説いている。人格を高めていくことも帝王学には欠かせないものである。品性下劣なリーダーなどいてはならないし、万一リーダーとなっても長くは続かない。「和をもって貴しとなす」というように、リーダーであったなら、なおさら和を乱すようなことはタブーであろう。先の三つを守っていけば人に恨まれることもなく、自然に人の和が醸成されていくだろう。

中国古典の『韓非子《かんぴし》』は、支配者のための書であり、帝王学の教科書の一つといえよう。そこで「人主に三守あり」として、人主たるものは次の三つを守るべしと説かれている。

一、重臣に対しての意見具申《ぐしん》があった場合には、誰が意見の主であるか洩《も》らしてはならないこと

二、賞罰は己れの一存で決めること

三、自分でやるべきことは大臣にやらせないこと

部下との人間関係、決断、実行についてのリーダーのあり方を伝えるものであろう。

また、家臣がトップに意見する時の心得としては、トップの逆鱗《げきりん》に触れないようにして説得していくのがコツであるという。

「人主の逆鱗に嬰《ふ》るるなくんば則ち幾《ちか》し」

——無嬰人主之逆鱗則幾矣。

もちろんこれは現代のビジネスにおいても、そのまま活用していくことができる。

どういう人物であるか見抜く方法

イギリスの歴史家、トーマス・カーライルの言葉に、このようなものがある。

「あなたの尊敬する人物を教えてもらえたら、あなたがどんな人物であるかがわかる」

つまり、どのような理想、夢、あこがれを抱いているのかが、その人が尊敬する人物の「人間像」を見ればよくわかるというのである。

本章では「帝王学」をテーマに述べているので、「尊敬する」ということから一歩進めて、「どのような人物が一国の宰相たり得るか」という視点で、その人間像を求めてみたい。

安岡は「良き幕賓」を持つことが帝王学の支柱と説いていたが、宰相たる人物の条件として引き合いに出していたのが、李克《りこく》の例である。魏の文侯《ぶんこう》のパーソナル・アドバイザー役であったのが李克である。

ある時、宰相選びに当たって文侯が李克に質問した。宰相の候補者を二人にまで絞り込んだのだが、どちらを選んだら良いのか、アドバイスがほしいというのだ。

だが、一国の宰相を幕賓が軽々しくこうしろと言えるものではない。「文侯自らがお決めになることです」と引き下がるが、文侯も必死であった。何度も李克にアドバイスをと言い続ける。

そこで、李克が説いたのが、人物洞察のための五項目であった。

一、居ては其の親しむ所を視る

二、富みては其の与うる所を視る

三、達しては其の挙ぐる所を視る

四、窮しては其の為さざる所を視る
五、貧にしては其の取らざる所を視る

一番目の「居ては」というのは、家にいる時であり、浪人している時という意味になる。浪人している時にどのような連中と付き合っていたかが、人物洞察のバロメーターの一つになるといえよう。

「三人行えば、必ずわが師あり」と孔子は説いた。また、善き人からは積極的に学べるし、そうでない人からは、他山の石として反省することも学べるのだという。どのような人と付き合っているのかというのは、浪人中のみならず、いつでも人物を洞察していく上での尺度となろう。

二番目に、財産家となったらそのお金を何に使ったかを見ることである。

社会的に貢献していくことを考えて使うお金も、個人の欲望充足のために使うお金も同じお金だ。アメリカではマネー・トークス、つまりお金がモノを言うといわれるが、何を語らせるかは本人の自覚次第といえよう。

孟子は、「恒産《こうさん》なければ困《よ》って恒心《こうしん》なし」と言ったが、これは庶民レベルのこととして言っている。

意志が強く志の高い「士」のレベルでは、たとえ金銭的には不自由していようとも、高い志は継続して持てる。だから士たるもの、あるいは宰相たらんとする人物は「恒産なくして恒心あるのはただ士のみよくすとなす」でなくてはならない。

結局、お金のあるなしで極端に変わらないのが宰相たる人物といえよう。


三番目の「達して」というのは、地位が上がった時という意味で、「挙ぐる所」というのはどんな人物を用いたかということである。あるいは、どんな書物を推薦したかということにもなろう。先のカーライルの言葉にも共通しているところがある。

人間関係では「類友の法則」というように似たような考え方、同じようなレベルの人々が集まってくるものだ。人物登用においても選んだ側の人間性が見えてくる。また、単に嫌悪の情のみで判断していないかもポイントであろう。

安岡の六中観の中に、「意中人あり」そして「腹中書あり」があった。すでに九歳から論語に親しんでいたという安岡のように、どんな書物を好んで読み、座右とするかにより人間は変わっていくし、人間像もわかってくるものだ。

四番目は、ピンチに陥った際に何をしなかったか、その対処の仕方を見て判断するということである。

『礼記』の一遍ともいわれる『大学』の有名な次の言葉がある。

「小人閑居《しょうじんかんきょ》して不善《ふぜん》を為《な》す」

――小人閑居為不善。

独りになった時、逆境に陥った時に、その人の本性が顕現するものだ。宰相たらんとするのであれば、むしろ逆境の時にこそ落ち着いて堂々と振る舞いたいものである。

五番目は、貧しい時にどのように生きるかということだろう。

それは徳ある貧しさ、つまり「清貧」であってこそ宰相であり得るのではないか。富んでいようが貧しかろうが、常に明鏡止水、心は大海のようでありたい。

逆境に生きた人物の代表の一人が、中国史上では孔子であろう。幼くして父を亡くした彼は「貧しさ」も十分に体験していた。だからこそ子貢《しこう》との問答の中で「貧にして（道を）楽しむ」ということを語ったりしたのである。

「貧《まず》しくて怨《うら》むこと無きは難《かた》く、富《と》みて驕《おご》ること無きは易《やす》し」

——貧而無怨難、富而無驕易。

富者《ふしゃ》になったからといってそれをおごらないようにするのは大変なことである。しかし、それでも貧しくなって人を恨んだり、ひがんだりしないことよりやさしいのだという。

他にも人間洞察については、東洋では古くからさまざまな「鑑定法」が説かれている。例えば、人相一つとってもそれだけで一冊の本になるぐらい深いものがある。

名インタビュアーと呼ばれるような人の中には、あえて相手を怒らせて感情的にして本音を引き出すというテクニックを用いる人がいるという。討論番組を見ても、上手な司会者は参加者の本音を引き出すためにさまざまな工夫をしているようだ。時にはほめ上げ、時には批判する。結局、喜んだり、怒ったり、喜怒哀楽の感情をさらけ出した時に、人は「本心」を見せるようだ。

『呂氏春秋《りょししゅんじゅう》』に、六験法《りくけん》というものがある。これは、相手の感情を刺激することによって、人物を見抜くというものである。李克の五項目と併せて、参考にしていただきたい。

人物洞察のための六験法

一、之《これ》を喜ばしめて、以《もっ》てその守を験《ため》す

どんなに喜んだとしても、決して崩してはならないギリギリの線があるということだ。例えば、新入社員が歓迎会で部長を侮って酒のせいにしても、二度と許されなかったというのは「守」という枠を外してしまったためである。

二、之を楽しましめて、以てその僻《へき》を験す

これも右と同様で、楽しみの極みに至った時にどう対処するのか、どのような行動をとるかによって「人物」がわかってしまうということを言っている。

三、之を怒らしめて、以てその節を験す

怒りは他人にも破壊的だし、自身の健康をも害するものである。怒りをどのようにコントロールしていくかも人物たる条件の一つといえよう。

四、之を懼《おそ》れしめて、以てその独を験す

幽霊の正体が枯れ尾花であったりするように、恐怖は人の判断力を狂わせてしまう。独というのは、本人の主体性の意味であり、恐怖に対したり、懼れた時にどれだけいつもの自分であるかということになろう。

五、之を苦しましめて、以てその志を験す

真の「士」たるものは簡単に志を捨てるものではない。やめてはならない時にやめてしまう者は、何を行っても中途半端にしかできないと孟子も説いた。

「已《や》むべからざるに於《お》いて已むる者は、已まざる所なし」

――於不可已而已者、無所不已。

苦しくても、志を捨てないで貫いていく者こそ本物なのである。

六、之を哀しましめて、以てその人を験す

精神的な「打たれ強さ」は、苦しみや悲哀の処し方によってよくわかるものだ。

このような六験法も、私たちがビジネスの中で活用していくことができる。

兵書に学ぶ帝王学のすすめⅠ

安岡は、すでに幼少から中国古典に親しんできた。後に陽明学者として知られたのは、東京帝国大学を卒業した年に出版された『王陽明研究』によってである。

当然、代表的な中国古典のみならず、安岡は「兵書」についての研究にも深いものがあった。兵書といえば、『孫子』『呉子』『六韜《りくとう》』『三略《さんりやく》』が代表的なものである。しかも、『孫子』の兵法などは現代でも人気だ。中国の春秋時代末期に呉の孫武《そんぶ》が撰《せん》したとされる『孫子』だが、現代でも活用されているのだ。孫子だけでも解説すると大変な分量になる。そこで本書では、帝王学において参考になるエッセンスのみをまとめて説いていく。

安岡は、「兵書」「兵法」に学ぶリーダーの心構えといった内容を、よく企業のトップ対象に講演していた。その兵書から学ぶ精神というのは大切にしていきたい。『孫子』を帝王学として見たならば、次の言葉は重要視しなくてはなるまい。

「善く戦う者は、これを勢に求めて、人に責《もと》めず」

——善戦者、求之于勢、不責于人。

特に企業を組織体として考えた時には、この言葉は重要である。戦いをビジネスに置き換えて考えたなら、次のようになる。

名経営者・ビジネスパーソンは、個人の能力に期待をかけすぎずに組織の勢い、ムードを重んじるのだ。企業は人なりで、当然一人一人の能力は大切である。が、「戦い」となったからには、「俺が俺が」という意識はマイナスでしかない。それよりも全体のムード、やる気、雰囲気を高めていくことのほうがより重要となるということだ。

山本七平氏が説いたところの、「空気」こそリーダーが醸成していかねばならぬものだ。勢いづいた組織は、時として「大物喰い」をしてしまうことがある。波に乗り、調子に乗った者は止めるのに苦労する。だからこそ、リーダーは意識してムードメーカー的な人物を登用したり、自分から部下のやる気を高めていくために積極的な言動を欠かしてはならない。

シェークスピアの言葉に「人のすることには潮時があり、上げ潮に乗れば幸運に導かれる」というものがある。リーダーたるもの、部下のやる気を高めてビジネスの上げ潮に乗せたいものだ。これこそ組織の「勢」ということだろう。

孫子に対する誤解もあるが、「兵は詭道《きどう》なり」という部分はその代表である。つまり、戦いはだまし合いであり、『孫子』というのはだまし合いのテクニックを集めたものにすぎないという考え方がある。

しかし、それは徹底した合理主義というか、ある種の冷めた眼で戦いというものを見つめた結果に他ならない。広義では、孫子といえども「人間」について説かれた書だととらえることができるだろう。これは西洋のマキャヴェリも同じである。

「彼を知り己を知れば、百戦して殆《あや》うからず」
——知彼知己、百戦不殆。

言うまでもなく、敵の情報収集は欠かせないものであり、これは戦争でもビジネスでも同様だろう。

あるいは、武田信玄が旗印とした「風林火山」も、『孫子』が原典であることは知られている。

また、百戦百勝はうまい勝ち方とはいえないと説かれているのも『孫子』である。

この考え方は孫子から信玄、さらには信玄を手本とした家康にまで継がれていく。信玄や家康の戦の仕方に、孫子の兵法を実践していたところもある。そして、それは現代のビジネスに活用していくことも十分に可能なのである。

兵書に学ぶ帝王学のすすめⅡ

それでは、「孫呉《そんご》の兵法」というように、孫子と並び名高い『呉子』の兵法とはどのようなものなのであろうか。代表的な部分を、「帝王学」という点から眺めてみよう。

まず、始めに考えたいのは、『呉子』をただの「兵法書」というとらえ方をしないで、人間学の教科書であり、帝王学の書として学ぶこともできるという点だ。
経営の秘訣について、名経営者と呼ばれる人たちが共通して説くことは「当たり前のことを当たり前に行う」ということである。例えば「お客様の喜ぶサービスをする」というのは「当たり前」のことであろう。しかし、中には逆をやっている従業員もいる。従業員は「会社そのもの」である。だから、一人でも当たり前にできないと、個人ではなく、「あの会社はダメだ」となってしまうものだ。

「可を見て進み、難きを知りて退く」
——見可而進、知難而退。

つまり勝てる、利があるとなれば進撃し、不利だと見たなら退くということだ。これが勝負に勝つ極意である。まさに「当たり前」のことであろう。しかし、これができている人はむしろ珍しいものだ。チャレンジ精神ではなくて無謀な行動をする人の何と多いことだろうか。

「先《ま》ず和して耐《しか》る後に大事を造《な》す」

――先和而後造大事。

『呉子』ではこのように説く。勝つためには、戦う前に自分たち味方が結束していることが大切だというのだ。

『孫子』で「情報収集」の大切さを説くのでもそうだが、「戦い」はすでに戦う前から勝敗が決まってしまうこともあるようだ。例えば、味方の和が成されていなかったなら、敵に勝つ前に味方に敗れてしまうことになるというように。

「段取り八分」という言葉がある。私が講演に行く時でも聴衆分析やテーマについて十分に準備しておかないと、いざ本番という時に思うような成果が出ない。つまり、すでに講演前にかなりの部分、成否が決まってしまうということだ。

あるいは、外国でビジネスするのなら出たとこ勝負ではうまくいかない。契約書よりも口約束を重んじる国もあれば、時間にルーズでも「当たり前」という国もある。

また『呉子』で説くように、そんな時こそ自分たちの「和」が成され、結束して事に当たることが大切となる。

『呉子』では、国を治め軍を治めるのに必要なのは「礼」だと説いている。礼というのは安岡によれば「調和」や「秩序」のことだという。国や軍を「企業」に置き換えてみるとよくわかる。

また、励ますには「義」をもってするという。つまり、やる気を出させるには「利」では好ましくないということだ。

営業の世界では「インセンティブ」がなされる。例えば売り上げが伸びたら海外旅行とかボーナスというのは、「利」で励ますことだ。人間の欲望には限りがないから、後漢の武将、曹操のように隴《ろう》の国を手にして、次は蜀の国がほしいというようにエスカレートしていくのだ。これは正しいあり方とはいえない。もちろん、欲望を目標として形にし、それを目指していくことは好ましい。ただ、リーダーが部下のやる気を高める時には、「利」ではなく「義」を第一に考えていくべきなのだと思う。

真のリーダーは部下と共に行動する

『六韜《りくとう》』の中で、周の武王が、「将を評価する時には何を基準にしたら良いのか」と太公望呂尚《たいこうぼうりょしょう》に尋ねた時、次の五つ（五材）が必要だと呂尚は答えたとある。

一、勇
二、智
三、仁
四、信
五、忠

つまり、勇気のある将に対しては誰も軽々しくは扱えない。智恵があったなら上手に処置をしていくから、誰もが侮らずに従う。仁があれば、部下に対して公平であり、皆は心から従う。そして、部下を信頼したならそれに応えるために部下は力を尽くす。また、心に思うことと口に出すことが同じで「忠」だったら、部下は裏切るということがないのだという。

この「勇・智・仁・信・忠」というのは、やはり現代のリーダーにも通じる原理原則の一つであるといえよう。日々のビジネスの中に活かしていくことに価値がある。

同じように、周の武王が呂尚に対して、「戦の時に、兵士のやる気を高めるためには、どうしたら良いか」と尋ねた時に、呂尚は「三勝（将）あり」と答えた。

一つ目は、兵と同じように雨が降っても笠をかぶらなかったり、冬でも毛皮を身につけなかったり、夏にも扇を使わないという「礼将」。将が率先して礼を守ることで、兵士も納得するのである。

二つ目は、悪路を通るような時には、将軍は自らも車から降り、兵士と共に歩くというような「力将」だ。将が力を出して戦に臨む時に部下のやる気も高まっていくということだ。

三つ目は、兵士が食べたらその後に自分も食べ、兵士が暖をとらないのなら、自分もとらないと心がけている将で「止欲の将」と呼ぶ。つまり、自分の欲望を抑止した将軍ということである。このような「礼将・力将・止欲の将」が兵士をまとめた時に、士気は高まり、戦にも勝つことができるのである。


私は、「将に三勝（将）あり」という呂尚の言葉から、心理学でいう「ペーシング」ということを思った。つまり、有能なリーダー、部下に信頼されるリーダーはペーシングが上手だということだ。

ペーシングというのは「PACE」からきており、歩調を合わせていくことである。例えば、部下が早口なら自分も極力合わせて話し、野球の話をしたがったら自分がゴルフの話をしたくとも、とりあえず話を合わせ、禁煙していたらやたらにタバコを吸うのをやめる、というようにできるだけ部下に合わせてみることである。

服装の好みや趣味、趣向を合わせていくのは、相手との人間関係を良くしていくのに大きな効果がある。ただ、相手に合わせるというのは、自分を卑下するのとは全く別のことである。脚の弱っている老人と同じ目的地まで共に歩くのだったら、あなたのほうでペースを遅くする必要があるだろう。逆に、青年が早足で歩くのだったら、会話して共に歩いていくには少しペースを速めねばならないだろう。

「将」だからといって、部下の上に立ち、全く別のことをしていこうとするのではペースが合わなくなる。やはり、ペーシングが大切であり、部下と共に汗を流せるようなリーダーが信頼され、部下の士気を高めることができるのだ。

学問には四つの段階がある

安岡は、学問の仕方には四つの段階があるのだと説いた。これは、『礼記』の中の「学記」の部分からの引用である。つまり、「君子の学におけるや、これを蔵《ぞう》し、これを脩《しゅう》し、これに息《いき》し、これに游《あそ》ぶ」という部分がある。

私たちが学問をし、帝王学を身につけようとする時にこの四つの段階を経ていくのだということだ。

蔵・脩・息・游

この「学記の四為《しえん》」は狭義の学問にとどまらず、ビジネスでも習い事でも、全てこのプロセスを経るのだと考えてよいだろう。

〝蔵〟というのは書を読み、内容をとにかく覚えていくような段階である。コンピューターでいえばインプットにあたり、とにかく知識の枠を拡大していくレベルである。

いかに知識を身につけても全知全能とはなれないが、無知な人と比べたなら天地の開きがあると説いたのは哲学者プラトンである。まず、何事においても蔵を経なくてはいけない。

〝脩〟というのは、蔵で覚えた知識が己れの血肉と化し、しっかりと身についた段階のことである。机上の空論というのは、蔵だけで止まってしまって、脩に至っていないことを示す。ビジネスでも「学生気分でやるな」というのは、蔵ではなくて脩が求められているということである。

〝息〟というのは、学問と一体化した時に味わえるものであり、学問という枠にしばられずとらわれず、自然に共に息をしている状態である。蔵あるいは脩であってもそこには「緊張」が多く伴う。だから、これを蔵しこれを脩し、というが、息のレベルでは、心が安らぎリラックス度が高くなってくるので、これに息し、と表現しているわけだ。

〝游〟のレベルでも同様だ。学においては、「これを知る者はこれを好む者に如かず、これを好む者はこれを楽しむものに如かず」と孔子は説いた。これも蔵よりも、息、さらには游のレベルに至ることを言ったものであろう。

今の悠々自適という言葉も、元来は黄河の雄大なゆったりとした様を形容した「游々《ゆうゆう》」が元だという。つまり、帝王学においても、大河の流れのようにゆったりとリラックスして学び、行動に移していくことが大切になる。


エマーソンは「活力は伝染するものだ」と説き、デール・カーネギーは「熱意は伝染するものだ」と説いた。

活力や熱意というものは、緊張して肩に力が入ってしまっては逆に湧き出てこないものである。むしろ、蔵・脩・息・游というように段階を経ていく中で、リラックスした時に「よし、やるぞ」と内から湧いてくるものであろう。

そして、安岡は志あってこそ気力、活力、熱意も湧いてくるものだと説いた。帝王学もまた、志あってこそといえよう。

人間の器は出処進退で決まる

安岡の弟子の中には、「帝王学」を身につけ実践していた者も多い。

例えば、新井正明氏は一九七九（昭和五十四）年、住友生命の社長を退き代表権がない会長に就いた。一九八六年からは、名誉会長となった。社長を退いた時には六十六歳。本人も健康には問題ないと語った通り、実際にはまだ社長業を続けることはできた。しかし、新井が退いたのは、安岡の説いた出処進退にリーダーの器があらわれるということが実感としてあったからだろう。

出――どんな出方をするか
処――地位、ポストへの処し方
進――どのように進むか
退――どのように退くか

そして常に安岡が説いたのは、中でも「退」についてである。先任の芦田泰三の引き際の見事さに習ったというが、安岡の教えによるものが大きかったと思われる。安岡は「無私」であることの大切さを、身をもって示していた。個人的なことよりも天下国家という観点から考えて行動していくのである。

企業のトップの中には「老害」と周囲から噂されてからも、その座にしがみつく者がいる。それは「我」が強く、無私になれないからだ。後継者を育てるという方向に考えがいくためには、小さな自分とは決別しなくてはならない。

日本軽金属を一九八三（昭和五十八）年に退いた松永義正も、安岡の弟子であり出処進退の潔さを実践してみせた人物の一人である。

新井や松永に限らず、名経営者は皆、出処進退の「退」が爽やかであり、惜しまれつつ退くという形が大半だ。日本興業銀行（現・みずほ銀行）の中山素平、本田技研の本田宗一郎もそうであった。

先の松永氏の場合は、何と社長就任の際の心構えとして、安岡から「退く」時のことを考えよとアドバイスされたという。

「上に上がるときには、先輩が推薦し引き立ててくれるのでいわば他人が決めることに従っていけばよい。しかし、退任は自分が決めることである。人からそれとなく勧められたり、先輩から忠告を受けたり、甚だしくは部下から引退のお膳立てをされてやむなく決めるようではいかん。だから、社長になったときから、後継者育成に心を尽くし、いつでも退任できるようにしておくことだ」

（神渡良平著『人生の師父 安岡正篤』同信社）

ここに、安岡の弟子に対しての深い愛情を感じる。また、引き際こそ、人物の器を知るバロメーターなのだということがわかる。

朱熹《しゅき》の編んだ『宋名臣言行録《そうめいしんげんこうろく》』でも「退を好む者を挙げよ」と説かれている。

あなたは、自分の「退」をどのように設計しているだろうか。そして、いつでも退けるという無私の状態にあるだろうか。

古典は常に教科書となる

帝王学を学ぶ書としては『貞観政要《じょうがんせいよう》』や『宋名臣言行録』、あるいは『菜根譚』、『三国志』、そして『十八史略』などが挙げられる。それだけ中国古典は裾野が広いということだろう。しかも奥深い。

が、結局は基本に戻るようである。古典の基本ともいえるのは、やはり四書五経であり、中でも『論語』になろう。だから、帝王学を身につけようとするのなら、やはり論語に始まり論語に終わるといってもよい。その上で他の古典に慣れ親しんでいくのが最適であろう。安岡は『論語』について次のように述べている。

「やはり古典というものは偉大なもので、たとえば『論語』や『孟子』にしても、私などそれこそ座右の書として始終側に置いてありますが、とくに『論語』などはもう九歳の時にはじめて読んだ書物でありながら、それでいて、ああ、そうだったと感じ直したり、そこまで孔子が考えられておったか、と感心し直すことがしばしばであります」

（安岡正篤著『人間学のすすめ』福村出版）

つまり、歴代総理大臣の知恵袋であった安岡も、古典の基本の『論語』の価値を大きくとらえて、座右の書としていたわけである。元々、古典を学ぶということ自体が、『論語』にある温故知新、故《ふる》きを温《たず》ねて新しきを知る、ということになるのだ。

リーダー学に新分野を拓き、安岡の教えを広く知らしめたのは伊藤肇だ。少なくとも安岡の説いた帝王学を知らしめた一人である。伊藤肇は、新聞記者としてスタートを切り、ジャーナリスト、雑誌「財界」の副主幹を経て独立した。

そして伊藤は、中国古典をベースにして、現役の財界人の人物評をしていくことに誇りを持っていた。現存する「人物」に会って、人物論評をしていく。ところが、その伊藤が雑誌『財界』の記者だった頃に伝記作家の小島直記と出会った。もちろん、伝記というのはすでに世にない人々のことを書いていくわけだ。プライドの高い伊藤は、小島が過去の人物を書いていることについて批判した。しかし小島も、一方的に過去の人物を現存する財界人よりも下位におくというのは誤りではないかと反発する。また、面識があったからといって、必ずしも正しい批判論評を行えるとは限らないということも述べた。さらに、人物評価における出処進退の話もした。

当時、小島直記は安岡の教えを受けており、伊藤肇は安岡に出会う前であった。二人の話はかみ合わなく終わったそうだ。が、後に伊藤は安岡と出会い、安岡の言葉を克明にメモし、己の一部と化したのである。伊藤の「帝王学」について述べた書は、名著といってよいが、それは彼自身の「血と汗」がにじんで結晶化したものといえよう。

私はこのように、安岡とその弟子、さらに弟子の間でもドラマがあるところに孔子やその弟子のドラマを重ね合わせてしまうのである。

「世に伯楽《はくらく》あり、然《しか》る後に千里の馬あり」という。すばらしいリーダーがいてこそ、部下の能力は見いだされる。

鳥のヒナが卵から出ようとする時、親鳥が外側から嘴《くちばし》で突く。ヒナもまた、内側から突く。その絶妙なるタイミングで、卵の殻は見事に割れて、ヒナは外界に出るのである。

あるいは禅の世界でも、師ばかりが優れていても、弟子にそれを受けるだけの下地がないと修行は完成しないのだという。

安岡と弟子のすばらしい「修行」も同じように、孔子と弟子の人生ドラマを学んでいくのは「帝王学」にとっても有効ではないか。古典を教科書として、生きていきたいものだ。

『論語』においては、すばらしい解説書も多いから詳しくはそちらに譲りたい。ここでは一つだけ、孔子の人物像について述べる。

私は千葉の両忘《りょうぼう》禅堂で坐禅したことがある。この「両忘」というのは、心と身体の二つを忘れるというとらえ方もあるけれども、元は『論語』からきている。

孔子の弟子の一人である子路《しろ》が、ある時に孔子の人物像について聞かれた。が、その時には答えられなかった。

「憤《いか》りを発して食を忘れ、楽しみを以って憂《うれ》いを忘れる」——発憤忘食、楽以忘憂。

そのことを伝え聞いた孔子は、右記のように思い、どうして答えなかったのかと語ったという。

食も憂いも忘れるのが「両忘」である。

感激した時には食べるのも忘れ、道に熱中した時には憂いも忘れてしまうのが孔子の「自画像」であった。さらに、老い先の短いことさえも忘れてしまうと続く。「両忘」というのは何かに熱中している時に訪れるもののようだ。しかもその時には自分の年齢のこともすっかり忘れてしまっている。

サミュエル・ウルマンの『青春』のように、青春とは心の様相であり、その意味からすると、孔子は永遠の青年であったといえよう。そして、孔子のように熱中して小我という小さな自分を忘れる生き方こそが、いつまでも若く挑戦していくリーダーをつくるのだろう。

帝王学は君子の学

帝王学は人間学であり、究極は「君子」の学問だということもできるだろう。君子たる条件を探っていくことはそのまま帝王学になる。

リーダーたるものは、次の「君子に九思あり」を常に忘れてはならないと信じている。

一、視るは明を思い
二、聴くは聡を思い
三、色は温を思い
四、貌《かたち》は恭を思い
五、言は忠を思い
六、事は敬を思い
七、疑わしきは問うを思い
八、忿《いか》りには難を思い
九、得るを見ては義を思う

視ることは「明敏」であることが君子の条件だと孔子は説く。さらに深めて、洞察力も必要であるし、「見えざるものを見る」だけの直観力も大切なものだという。人を見抜く眼力、未来を予測できる先見力もまた、広義の「視る」ことにつながろう。

聴くにおいては、鋭敏なることと説いている。

お金に対して非常に執着心のある人は、たとえ騒動の中でも、小銭の触れ合うかすかな音でも「はっきり」と聞くことができるだろう。ビジネスのチャンスも同じで興味のある人、真剣な人には、他の人が聞こえなかったことでも聴くことは可能なのである。また、小さな一言からでもその口にした本人の真意を汲み取れるような何でも「聴ける耳」を持つことが大切だ。私たちの情報摂取量のうち、視覚から入るものは八十三パーセント、聴覚からが十一パーセントという調査報告があるという。つまり、全情報量のうちの実に九割以上は、目と耳から入るのである。視ることは明敏、聴くことは鋭敏を心がけるのが重要な意味を持つのである。

表情は、人を包み込むような、穏やかで温かみのあることが大切だ。人間のコミュニケーションでも、非言語の代表が表情である。

名経営者、リーダーは「顔」が違う。見ただけでも、「この人ならやりそうだ」と周囲を納得させる力がある。リンカーンではないが、四十歳を過ぎたら生きざまは顔に出てしまう。何を考え、どのように行動してきたかの全てが「顔に書いてある」ということだ。あなたは君子たる顔をしているだろうか。

「貌は恭を思い」というのは、態度が「恭」つまり誠実であるかどうかということだ。これもまた、孔子が言葉よりも態度や行動を重んじていることがよくわかろう。

孔子は、巧言《こうげん》・令色《れいしょく》・足恭《すうきょう》を恥とした左丘明《さきゅうめい》と同感だといった。足恭というのは誠実ではなくて必要以上の丁寧さ、むしろ不誠実、無礼に近い。有名な「巧言令色、鮮《すくな》し仁」というのも「行動家」であり言葉やニセの態度、ニセの誠実さに反対する孔子ならではの達観ともいえよう。

「言は忠を思い」とは、発言するには「忠」であること。そのまま訳したら忠実なるもの言いとなるだろうか。忠誠、忠義、忠孝ということもできる。

君子、リーダーたるものに二言はない。一度口にしたら、二度と元に戻すことはできないのである。『礼記』にも、「綸言《りんげん》汗の如し」とある。天子の言葉は汗の如きもので、一度流し（出し）たなら元には戻せない。心せよというわけだ。実際に行動する時に、慎重さを持って行動するのが君子である。慎重というのは、理論や計画に裏打ちされた行動のことである。だから、行動自体は勇敢であったほうが良い。孔子自身も「君子は行いに敏ならんことを欲す」と説いている。

疑問な点があったなら、探究心を持っていくのが君子たるものの心構えといえる。リーダーの中でも、実力があり人の信望の厚い人は「子供のようだ」と評されることが多い。つまり、何事に対しても「なぜ？」という子供のような疑問を持ち、興味を抱くからであろう。

感情的になって、他人に迷惑をかけるようなことは君子は避けるべきだ。万物の霊長たる自信のもとに、感情をコントロールしていけるのが君子である。ビジネスでも同様で、相手の感情に訴えかけるのはよい。しかし、自分が感情的になってしまってはならない。

利がある場合にも、常に義を忘れてしまってはならない。「不義にして富み且つ貴きは、我に於いて浮雲の如し」。義なくして、悪事をはたらいてお金や地位を手にしても、自分にとっては空の浮き雲のようなものだという孔子の言葉がある。

義よりも利に生きる人が多いのが現代の風潮であろう。そんな中で、義を忘れてはならないのだと説く孔子の言葉は千金の重みがある。

安岡は、利よりも義に生きた君子であったといえよう。

安岡が一九二七（昭和二）年に創った金雞《きんけい》学院にしても、その四年後に建てた日本農士学校にしても、利ではなく義に基づくものであった。次代の教育というのは、利ではできないことはおわかりであろう。

安岡は特に第二次世界大戦後には「郷学」を説き続けた。郷土の学を興し、先賢を顕彰し、郷土の人々にその学を回復させるのである。これもまた、いたずらに西欧文明のみを至上のものとする風潮に対しての正しい歯止めとなったものだ。これは、無私の行為であって、義人であればこそできたことである。

君子の九思を忘れずに帝王学を身につけていただきたい。

自らを戒め磨き高める

リーダーは対人関係のプロでなくてはならない。そのためには、知識や教養のみならず自らの人物を磨いていくことが欠かせない。

安岡の弟子の言葉を総合すると、安岡は自分には厳しく他人には包容力と温かさで優しく接していくのが常であったことがわかる。

「人と与《とも》にするには備わらんことを求めず」

と『書経』にあるように、人と接していく時には相手に完全さを求めてはならないだろう。これが他人には優しくということになる。逆に自分に対しては、むしろ完全さを追求して徹底して修行していくことだ。これは、自分で戒めを持って生活を律していくのが基本となる。

安岡の弟子の下村澄氏によれば、安岡は五つの戒めを持って人に接していったのだという。

一、和顔《わげん》愛語を旨とし、怒罵《どば》相辱《あいはずかし》むるをなさず

柔和な表情、笑顔を絶やさずに、怒ったり、苦虫をかみつぶしたような表情はしないということだ。「非言語コミュニケーション」というように、人は言葉を口にせずとも相手にメッセージを送っているものだ。「和顔愛語」をモットーに、人と接していきたい。

二、簡素清浄を守り、怠惰放漫を戒む

自分の生活をしていくことから、偉人への道が始まる。「居は気を映す」という。心の状態が整っている人は、身の回りもキチンとしているものである。

三、小信を忽《ゆるが》せにせず、有事相済《すく》ふ

信頼される人というのは、何も大きな契約や約束事を守る人のことではない。むしろ小さな約束事であっても、しっかりと果たしていくことが大きな信頼につながる。大病したり、苦境に立たされたことのある人は、他人の心持ちがよくわかるものである。相手の立場に立ち、感情を共有することができることは無条件で人に受け入れられる素になる。

四、親朋には事無くして偶訪し、時有ってか季物を贈る

苦境に立たされた時に、さも友人顔をして近付くのも、逆に成功した時に急に訪ねていくのも共に「真」の友とはいえない。何でもない時にさり気なく訪ねていくのが友としての努めでさえある。下村もふらりとオフィスに安岡が訪ねてくれたことが本当に嬉しかったと書いている。

五、平生、書を読み、道を開くを楽しむ

腹中書有り。修行というのは何も山奥にこもって、特別に行うものばかりではない。「事上磨錬」であり、仕事の場でも家庭にあっても、いつでもどこでも修行の場となり得る。常日頃、書を読み自分を高めようとする心がけは欠かしたくないものだ。

あなたは、果たして「自戒」をお持ちであろうか？

安岡であっても自分を常に戒めていた。否、自分を戒めていたからこそ、日本のリーダーの指南役になれたのだろう。自分に勝つことを第一義としたい。克己心こそが人を磨き、高めてくれるものである。

何度でも自分を省みること

リーダーとしての条件は多いが、「君子は自ら反《かえ》る」というのは時代が変われど変

わらない「原理原則」だといえよう。自ら反るというのは、「自責」つまり自分に責任のありかを求める心の姿勢だといってもよい。

ビジネスをしていく中で、「あいつのせいだ」「私のせいではありません」「責任は他にあります」という類の「他責」の言葉を聞かされたことはないだろうか。つまり自分ではなく、原因・責任は他にあるのだという考え方である。あなたが、何か仕事を頼んだ時に「私の仕事ではありません」という答えを聞かされた時ほど嫌なことはないだろう。しかし、そんな時でも「自分に反る」ことのできるリーダーだったら、自分の部下育成に問題はなかっただろうかと反省するものである。

自分が周囲にとった言動に対しての反省は、自ら反るということの第一歩である。「少し厳しく言い過ぎたかな」「彼には荷が重過ぎたな」「もう少し笑顔で接すれば良かった」というように、一日を反省したならいくらでも材料はあるだろう。「奴はやる気がないんだ」「彼は能力が元々ないんだ」「無愛想な人間だな」と、周囲にばかり目を向けていたのでは自分は成長していかないだろう。

安岡は、〝自反〟が『論語』や『孟子』の根本精神だという。私は、自反こそリーダーに欠かせない条件だと信じている。行動的で熱意にあふれ、人を動かそうと汗を流すのも良い。しかし、そこに常に自分を内省してみる自反の精神が備わっている必要がある。

自分の言動を反省してみることだけが自反ではない。疑問を持って深くそのことに思いを至すというのも自反になるのだ。外の現象にばかり目を向けるのではなく、深く思索の旗を「内」に向かって進めていくのである。

「志は気の師というのはどういうことだろうか」「人は荀子の説いたように性悪な面があるのではないか」「自ら反るとはどのようなことだろう」というように、学んでいく中で疑問が生じたなら、とにかく自分と対話をしながら深く掘り下げていくのは自反ということになる。

「我れ日に我が身を三省す」

という孔子のように、何度でも自分を省みる時を持ちたいものである。

第四章

安岡正篤の生き方から学ぶ

great person

MASAHIRO YASUOKA

「農士」の精神を育てていく

安岡は、一九三一（昭和六）年に農村の青年を教育することに主眼をおいた日本農士学校を設立した。場所は埼玉県比企郡管谷村（現在の埼玉県比企郡嵐山町管谷）。ここで行われた教育の目的は「農士」の養成であり、教育科目においては従来の教育とは異なる課程を多く取り入れていた。

農士とは何か。まずその定義であるが、当時、安岡の弟子であった菅原兵治は、「農士というのは、農的生活をしながら士道を行ずる者だ」と説いた。それは、江戸中期の古書『葉隠』で説かれている武士道精神に通じるものを有した農民ということであろう。武士道とは、武士や国士という特別な者に限らず、農民やどんな人にも必要だと安岡は考えていたようだ。「農士」の意義はまさにそこにあった。

安岡はこの頃ちょうど中年で、体力的にも脂が乗っていたこともあるのだろう。日本農士学校において、安岡自身が何時間も休みなくぶっ続けで講義をしたことも一度ではなかったという。それだけ青年教育に心血を注いでいたようだ。

農士学校の「農士」の精神から私たちが学べることは、どのような人であっても「道」を求めることが大切だということである。

もう一つ、日本農士学校の教育科目から気付くことは、東洋の先哲に学んだり、農士道、武道、農業での偉人研究といった学科を「正徳科目」、水田や畜産、薬草あるいは農芸一般といった実習を伴った学科を「利用科目」と名付けた点である。大きく分けて講義と実習の組み合わせといえるが、これは中身よりもその名称に考えさせられるところがある。それは、「正徳」と「利用」という名称である。ここに実は、元号の「平成」と安岡とのつながりを垣間見ることができる。

「平成」については、中国の名君と呼ばれた一人、舜帝《しゅんてい》の言葉が原典とも言われている。それは「地平天成」あるいは「内平外成」というものだ。舜帝が後継者と考えたのが禹《う》であり、禹の言葉に、徳政をしいて正徳・利用・厚生の三事をよく行うことが人々が生を喜び、働きがいを持つのに必要だという内容のものがある。この正徳・

利用・厚生からとられたのが、日本農士学校の正徳科目、利用科目という分け方であった。

このことから安岡の弟子である林大幹は、元号制定に安岡が深くかかわっているのだと信じたという。林大幹は、安岡の秘書的存在だった林繁之の兄であり、十代の頃に金雞学院（安岡が設立した私塾）で安岡と出会っている。平成、内平らかに外成る時代のためにと安岡が説いたように、まずこれを修めていくことが望まれよう。

日本農士学校を創立する以前の一九二六年（大正十五年）十月に金雞学院は設立されていた。後に日本農士学校のリーダーとなった菅原兵治は、金雞学院で安岡に「士」と認められている。

古典から学び、安岡の信条でもあったのが『礼記』にある「修身斉家治国平天下」である。「天下を治めるには、まず自分の行いを正しくし、次に家庭をととのえ、次に国家を治め、そして天下を平和にすべきである」という説は、金雞学院設立の大目的でもあったとのこと。この私塾で安岡は陽明学を講じて、天下国家のために心を砕くことのできる若者を教育していったのだ。

このように次代への教育を忘れないこと、常に大局的に眺めていくことを私たちは安岡から学びとることができる。

自己向上の五原則とは

安岡の生き方で、自己向上のために学びとれる基本となるものが大きく分けて五つある。

一、瞑想の時を持つこと
二、常に学び知識を増やすこと
三、志を鮮明に持つこと

四、無私に徹すること

五、感動・感謝のできる人になること

一、瞑想の時を持つこと

黙想、リラクゼーション、坐禅、と呼び方はどういったものでも構わないが、一人静かに瞑想の時を持つことの大切さを学んでほしい。

先の金雞学院、日本農士学校においても「坐禅」を弟子に行せたり、安岡自身、東京大空襲の最中にも平然と坐禅を組んでいたといわれるほど、安岡にとって瞑想は日常的な習慣となっていたようである。

安岡が私淑していた王陽明にしても、事上磨錬で日々の生活で修行し、さらに静坐して思索を深めていたのである。あるいは、安岡が尊敬した曾国藩《そうこくはん》にしても、朝起きてすぐ早朝に瞑想していたそうだ。日々の精進をしていく中に、静坐は欠かせないものといえる。

皆さんも、形にこだわらなくても夜眠る前の五分間でもよいから一人静坐して一日の反省をしてみてはいかがだろう。または、朝起きてすぐ一日のプランを思ったり、やる気を高めるような言葉を唱えて坐《すわ》ってみてはいかがだろう。

『荘子』の中に「坐忘」が説かれている。心身が虚になり、全ての感覚がなくなった状態だという。いわば無我・無心の境地といえよう。勝海舟は、剣だけでなく禅も修行したが、「坐忘の境地にあってこそ何事も縦横自在に判断できる」と語っている。習慣は第二の天性であり、継続は力である。瞑想を日々繰り返していく中で、自分が向上していくことを実感できるだろう。

二、常に学び知識を増やすこと

安岡は、中国古典を中心としていわば「安岡哲学」を説いた。だからといって、彼が東洋のこと一辺倒であったわけではない。もちろん、知識にとどめずに見識、胆識のレベルであったろうが、安岡が非常に該博な知識を有していたことは確かだ。つまり、常に知識を拡大し深めていくことを欠かさなかったのである。

安岡が東京帝国大学卒業の年に著した『王陽明研究』のなかで、彼が高校、大学と西洋の学問を追求した例として、ダンテ、ドストエフスキー、トルストイ、ニーチェ、ワイルド、マルクス、セネカ、パスカル、アミエルというように各分野の人々のことが挙げられている。そして、いつのまにか幼少より親しんだ東洋先哲の書にかえるのだと説いている。だから、「安岡に倣って、徹底的に東洋先哲を研究していこう」と何も限定せずに、あらゆるジャンルの学問に興味を持って勉強していってよいのである。安岡が何を学んだかということ以上に、彼の学問に取り組む心的態度を尊敬していきたい。学ぶことにおいては、「広く深く」と欲張りになっても構わないだろう。

三、志を鮮明に持つこと

これは、すでに第一章でも述べたが、人生観を建物の土台として帝王学という建物を建てていくに当たって、「志」が必要不可欠なものとなってくるということである。

志は「気」を生み出す元であり、安岡も説いたように生きていく上で活力、元気、活気といった必要なパワーを生み出してくれるのである。理想とする将来像のある人、人生目標のある人こそが、常に進歩向上して幸福な人生を送ることができるのだ。

四、無私に徹すること

アメリカの社会教育家で、東洋の学問も研究した作家のアール・ナイチンゲールは、多くの人に貢献した者ほどその見返りも大きいのだということを言っている。

安岡の生き方は、「自分が物質的に豊かになろう」とか、「他人はどうなっても自分だけは」という生き方とは正反対のものであった。無私に徹していると、素直に他人のために行動できるようになってくる。それは他人に知らしめるのではなくて、むしろ「陰徳」であってこそ徳を積むことにもなるだろう。

満州の皇帝であった（清の最後の皇帝でもあった）溥儀《ふぎ》と、その縁者であった景嘉《けいか》が一九五六（昭和三十一）年に来日した。すでに日本は戦争に敗れており、皇帝だった溥儀らも普通の人となっていた。この頃、景嘉の下宿先が建て替えで移転せざるを得なくなった時、そこを訪れた安岡は、〝志〟を贈った。そのお金で景嘉は無事に引っ越せたのである。また、景嘉には安岡の師友協会に講師として来てもらい、謝礼したこともあったという。これは、安岡の死後に景嘉の筆によって明らかになったことだ。

孔子が諸国遊説の最中に、ある国で政争に巻き込まれて立ち往生したことがあった。その際に、弟子の子路が、

「君子であってもこのような目に遭うのですか」

と孔子に尋ねた。

「遇と不遇とは時なり」

というのが孔子の答えであった。

さらに、「身を修め行いを端《ただし》くして、以ってその時を俟《ま》て」と続けたという。

このような君子の生き方を異国で行っていた景嘉を、無私の境地にいた安岡は救わずにはいられなかったのであろう。景嘉の古く小さな下宿先を訪ねていた安岡は、彼の修行する様をいつも目にしていたわけだ。だからこそ、行動せずにはいられなかったのだ。無私の行為とは、やむにやまれぬ心の底からの衝動によるものなのだ。

五、感動・感謝のできる人になること

安岡は酔生夢死《すいせいむし》の生き方を嫌い、感動がなくては人生ではないと考えていた。「そう言われても感動できるようなことは何もない」という人もいるだろう。そんな人は、人生というのは心の持ち方一つで変わるものだということに気付くべきである。

感謝するというのも全く同じことである。大体、今ここに生かされていることも奇跡であり感謝に値することではないか。

毎日のニュースを見てほしい。災害や事故や戦争等で世界中で多くの生命が失われている。極論したなら、生きているだけでもありがたいことなのである。現在でも「餓死」している人は世界中にいるわけだ。時間になったら食べるのが当たり前で、何の感謝の心も湧かない人が日本では多いのではないか。感謝する種はいくらでもあり、いつもそこまで考えていないだけの話だろう。

たった今から、半分眠ったような惰性で生きていくようなことはやめようではないか。感動・感謝を常に心に抱くことを心がけていこう。

人間洞察に必要な直観力

人を見抜くには、先入観なく接していくことが重要である。前述したように、亡くなった伊藤肇が安岡と初めて会った時（110ページ参照）にも安岡は平然と自然体で接したという。それはたとえ自分のことを批判されたとしても、一切の先入観なしに人と会うことの大切さを知っていたからである。

これは、知人のインタビュアーに聞いた話だが、良いインタビューをする場合にもそれは当てはまるそうだ。世評でいわれる「この人はこういう人」という色メガネで相手を見ないということだ。事前に十分に相手のデータを調査しても、あとは先入観なく相手に接していくと良いインタビューができるという。これはビジネスにおいても忘れてはならない心構えであろう。

田中角栄が総理大臣になった頃、田中は日の出の勢いであり、周囲にもその「気」を発していた。彼が現れただけでその場の雰囲気はガラリと変わったという。後に政治スキャンダルとなる金脈問題を起こしたとはいえ、当時の田中角栄の人間的魅力は誰もが否定できなかったであろう。

その田中について、「織田信長ではないが、高転びに転ばなければ良いが」と安岡が言ったことがあるという。発足当時の田中内閣は、国民の支持率が六十八パーセント（朝日新聞）もあり、今太閤ともてはやされていた。その時点で安岡は田中の将来を見通した発言をしただけに、その洞察力は相当なものと言わなくてはならないだろう。

田中角栄は、日中の国交回復を成し遂げ、それは政治上の大きな業績の一つとなった。田中は中国に乗り込み、毛沢東と会見した際に中国古典の『楚辞集注』をプレゼントされ、感激したという。

だが実は、中国の昔の楚という国自体は文弱であり、武力にも見るものもなかった。やがて他国に侵略され、宰相の屈原《くつげん》も自殺してしまうという国だったのだ。

安岡は、『楚辞集注』を田中にプレゼントした毛沢東の真意を見抜いていたという。だが、田中をはじめとして周囲の者にほとんど気付く者はなかった。中には気付いても表立っては口にしなかったのである。毛沢東が経済成長していた日本に対して抱く感情を見抜いたのも、広義の洞察力ということができよう。

安岡は間違いなく「直観力」に優れた人であった。しかし、その直観力は動物的なというよりも、自らの修行の中でつかみとったといえよう。人間は、活きた学問を続けていくことによって、人間を見抜くだけの洞察力を身につけられることを知るべきだ。

例えば、「青年の教育をしよう」と考えた時に、半ば直観的に金雞学院や日本農士学校というアイデアが湧いた。「学校をつくろう」と考えれば、次々に必要な人がやって来て援助することも惜しまなかった。

「安岡の人徳がなさしめたもの」と言えばそれまでだが、安岡の場合は身につけた知識が、やがて想像・創造につながっていったようだ。知識がそこにとどまらずに、想像の翼がついた時、本物になったといえる。そして、想像したものが真に人々の役に立つ時、協力者が自然に出てくるのも不思議なことといえよう。

また、安岡の「直観」ということで、こんな話もある。

幼少の頃から「書物」に親しんできた安岡は、本を読んでみてから「良い本」だとわかるのでは駄目だという。本を手にしただけで、読まないうちから「これは良い」「あまり良くない」と直観的にわかるのが本物であるという。安岡自身がその境地に達していたわけだ。

想像は知識よりも重要だと言ったのは、相対性理論のアインシュタインである。この現代物理学の父も、知識だけの世界で生きたわけではなかった。

アインシュタインも相対性理論の原型となるイメージは、すでに理論とする二十年も前に心に抱いていたのだという。それを理論化して、いわば右脳のイメージを左脳の論理でまとめあげる二十年だったのではないか。

いずれにせよ、想像は創造につながり、その芯となるものは少なからぬ知識であることも忘れてはならない。

無知なことも避けたいけれども、それ以上に無知が原因で想像することのできないことのほうが危険だ。これは、あなたが行動していく上においても、無知、想像力の欠如は大きなマイナスとなる。

「行動における無知ほど恐ろしいものはない」

これは文豪ゲーテの言葉である。

徳育を常に心がけていく

安岡は人間の本質、木の幹に当たるものが「徳」であると教えていた。知識、才能、技能とは、徳という幹に対しての枝葉という位置付けでいた。

徳が才に勝るは君子（人格者）であり大人《たいじん》であるという。一方、才が徳に勝ったのが小人《しょうじん》という。これは、どちらが良い悪いということではなく、人物をはかる上でのとらえかただといえよう。

皆さんの周囲にも右の例に倣って「あの人は大人だな」「あの人は小人タイプだ」と思い当たる人があるだろう。幕末から明治初期の志士たち、剣禅一如の山岡鉄舟や西郷隆盛は大人型といわれるだろう。逆に勝海舟や大久保利通は小人型といえるのではないか。

私たちは「徳」を育てていくことをあまり意識していないかもしれないが、現代のビジネスにおいて徳は、そのビジネスを進めていく上での元となるのではないだろうか。

漢の劉邦《りゅうほう》が項羽《こうう》の天下を許すまじと、軍を進めた時のことである。洛陽の近辺まで達したところで一人の長老が面会を求めた。名を董公《とんこう》という。董公が言うには、劉邦には人民の信頼、あるいは軍の強さばかりではなく、徳（道理・義）があるのだということ。

「徳に順《したが》う者は昌《さか》え、徳に逆らう者は亡ぶ」

であるから、劉邦がずっと優位であり、勝てるのだと説いたという。

ということは、利ではなく徳を求めていくことにこそ、現代のビジネス社会で勝利できるコツがあるのではないかと思えるのだ。

どのようにしたら徳が自分のものとなるかについて、『書経』ではこう説かれている。

「徳を樹《た》つるには滋《しげ》きを務め、悪を除くには本《もと》を務む」

つまり、小さなこともおろそかにせずに大きく育てていく心がけ・行動が、徳を身につけさせるというのである。逆に、悪を除くには小さなことにはこだわらずに、根元から悪という樹を取り去ってしまうことなのだ。小事徹底が大事を成す元で、徳育の元でもあるのだ。

「温々《ぬくぬく》たる恭人はこれ徳なり」

『詩経』では、このように説かれている。〝実るほど頭《こうべ》を垂れる稲穂〞が恭人ということであろう。自分に厳しく、他人に優しく、うやうやしいのが「恭」である。逆に、他人に厳しく自分に甘いという〝傲《ごう》〟の人は世に多い。王陽明も傲を戒めている。人生の大病はこの一字だとさえ言っている。

安岡は、人は身体よりも心、精神から老いるものだという。無心無欲になり、精神の若さを保つために安岡は三つの心がけを持ったという。これはそのまま徳を育み、養うことにもつながるのだ。

一、心中常に喜神を含むこと

どんなにつらく嫌な目に遭っても、苦しくても、常に心のどこかに喜びを持つことだ。人生で成功するためには「積極的、肯定的な心構え」が欠かせない。ポジティブシンキングというのも、心に喜神を含むことに他ならない。

二、心中絶えず感謝の念を含むこと

これはすでに安岡から学ぶ「自己向上の五原則とは」で述べた通りである。感動・感謝の生き方こそが、真の幸福につながってくる。

三、常に陰徳を志すこと

満州の景嘉に対しての安岡の陰徳については先述した。安岡自身、人知れず良心が満足することを行うと、常に心中に喜神を含めるものだということを語っている。

贈り物をした時に、贈られた人は確かに嬉しいが、人の喜ぶことを見ることのできる贈ったほうがより嬉しかったりするものである。

これは陰徳というように、人知れず行う「徳」を育む行為だ。「陰徳あれば陽報あり」という。もちろん見返りを期待することではない。

江戸中期の禅僧、白隠禅師が明石の港近くを三人で歩いていた時のこと。

仲間の禅僧の一人が、腹痛で歩けなくなった。先に行ってくれという仲間の荷を背負うと、「三人は一緒だからな」と、ゆっくり歩き始めた。

やがて、別の一人も疲れて歩けなくなった。そこで白隠は、その彼の荷も背負ってやがて兵庫の港にたどり着いた。

白隠は桑名に向かう船の中で、荷物をかついだ疲れから泥のように眠ってしまったそうだ。そんな中、白隠がふいに目を覚ますと、周囲の乗客は気分悪そうにして、中には海中に吐いている者さえいる。船頭に聞くと、共に海に出た舟は難破してしまい、無事なのは白隠の乗ったこの舟だけだという。それほど海が荒れていたのであった。

「九死に一生」というが、白隠はこの時に、仲間の荷を背負った徳が報われたのだと信じたという。一七〇七（宝永四）年の大地震（日本の記録に残る最大級の地震といわれる）の時にも、白隠はこう口にして坐禅をやめなかったそうだ。

「吾れ見性の眼を開き、天下有用の者ならば、必ず諸仏善神が擁護して身を全からしめん。見性もせず、世に益なき者ならば、棟梁に撲殺せらるるのみ」

この自信も、日頃の修行と陰徳を積んでいたからこそ持てたものであろう。もし、世に必要とされているのなら、「天」が自分を生かすという自信は私たちもぜひとも身につけたいものである。

私は安岡の三つの心がけということから、鎌倉時代の禅僧、道元の説いた「三心」を連想する。道元は『正法眼蔵《しょうほうげんぞう》』を著し、永平寺を建て、生涯を坐禅に生きた人である。『赴粥飯法《ふしゅくはんぽう》』の中で三心が説かれた。

●喜心
●老心

●大心

喜心とは、何にでも喜び、感謝のできる心のことである。永遠に続くような寿命を一日、あるいはわずか一時に縮めたとしても、この、食を整え食をつくるのだという達観が喜心なのだという。「心中常に喜神を含む」という安岡の言と同じである。

老心とは、父母が子供を思う気持ちと同じだという。愛であり、思いやりである。それも子供が病気になったら「自分が代わりたい」という無償の無私の思いやり、慈愛である。

大心とは、山や海のように広く偏らない心である。自他の別のなくなった、人類愛の生ずるような、大きな心のことだ。

自己を活かす道を探る

後漢の学者であった崔子玉《さいしぎょく》は、座右の銘として次の四つ（四不殺の銘）を挙げていた。

一、嗜慾《しよく》を以って身を殺す無かれ
二、貨財を以って身を殺す無かれ
三、政事を以って民を殺す無かれ
四、学術を以って天下を殺す無かれ

一、二は、まず自分自身を滅ぼすことにもなりかねない弊であろう。つまり、自分の嗜好《しこう》・財産・富に偏り、物質的な面ばかりを追求することが己を殺すのである。
三は、現代の政治家に対しての警鐘のようでもある。文字通り政治が民を殺してしまうことは、崔子玉の時代だけでなく二十一世紀の現代でもあることだろう。時を経ても変わらぬのが「原理原則」だということを痛感させてくれる。

四は、学術を「思想」だとか「主義」と置き換えてみると理解できるだろう。これらもまた、多くの人々の生命を活かしもすれば殺すことにもなる両刃《もろは》の剣なのである。安岡は活きた学問を主張したが、四不殺の銘からしたら、決して「天下を殺す」ようなものは目標としなかっただろう。私は、四不殺の銘から「物心両面の人生」ということと、学問は「両刃の剣」であることを学びたい。

それは、人間の欲も物質的な成功も正しい心があったなら肯定的に活かしていくことができるということだ。「志」を持ち、徳のある人間になりたいというのも欲望の一つであろう。だから「欲望はいけないものであり、全て捨てろ」というのは正しくないのではないだろうか。なぜなら、「無私」の状態になりたい、帝王学を身につけたい、他人に貢献したいというのも欲望に他ならないからだ。

自分を活かしていく肯定的な欲望ならいくらでも持つべきである。また、富・財産も正しい欲望を成就していくための助けとしていくのだったら、これも頭から否定するべきではない。志を実現させるための資金がいけないものともいえない。結局、物心両面から眺めて、志を成し遂げるために努力していくことが大切なのだ。

もう一つが、学問は両刃の剣ということである。これも、学術を以て天下を殺すこと無かれ、だからといって頭から否定してしまってはならない。鉄砲水として、多くの人に損害を与えてはいけない。しかし、飲み水として人々に潤いを与えるのなら水を「活かした」ことになるであろう。学問もまた、全く同じである。自己を活かすという方向から、学問に接して人々のために活かしていくことが肝心なことなのである。

この四不殺の銘の「学術」を、「経営」「ビジネス」に置き換えてみていただきたい。「経営を以て天下を殺す無かれ」「ビジネスを以て天下を殺す無かれ」である。

ＰＬ法やエコロジーが問題になり、「地球」という規模で環境とビジネスがとらえられている現在、経営者・ビジネスパーソンの一人一人の責任は大きいといえる。

安岡から学んだのならば、「天下を活かす」ことを第一義として日々の工夫、精進を心がけてほしい。皆さんなりの「四不殺」から「四活」というように、どのようにしたら「活かす」ことができるかをモットーに、「座右銘」を定めてみてはいかがだろう。

逆境を求めていく強さを持つ

安岡の教えによって救われたり、さらに自己向上・成長を遂げたりした人は数知れない。特に世のリーダーたる人々に安岡信奉者が多かったのも、帝王学者と称されたゆえんであろう。

順境にあって、安岡の教えを実行していく人もある。が、やはり人生の逆境にある時にこそ、教えの貴さというものが身にしみるのではないだろうか。人間の本質は逆境の時に出てくるものだし、逆境の中で人は磨かれるともいえる。

頼りになると思った人が逆境の時に全く頼りにならなかったりするのはよくある話だ。それも、自分に人を見る目がなかったという証明であろう。

本当に頼れる人は、無私の人であり、君子・大人の類である。

安岡にはその〝頼みの綱〟とした人も各界に数多くいた。すでに功為り名を遂げた人ばかりではなく、学生もいれば、社会人になりたての者もいた。そんな中に一九三七（昭和十二）年、安岡の『童心残筆』を読んで手紙を出した青年がいた。翌年に大阪屋証券（現・岩井コスモ証券）に入社した豊田良平である。

安岡は非常に筆まめであり、時間の許す限り手紙には返事を出していた。豊田には、やがて安岡から直筆の手紙が来た。そこには「求道は一生のことであり、大成を祈る」という内容と、〝四耐〟について書かれていたそうだ。

四耐とは、逆境に耐えていくことによって人間が練れていくということで「冷に耐え、苦に耐え、煩《はん》に耐え、閑に耐える」というものである。

求道心があり、安岡に手紙を出したという豊田良平も偉かったし、青年にきちんと返事をする安岡もまた偉かったといえよう。よく、逆境や忍耐の例に出される実業家の松永安左エ門は、次の三つを実業家が本物に成るために欠かせないこととして挙げていた。

- 浪人
- 闘病
- 投獄

これら全て、誰に助けてもらうものでもなく、自分の力で乗り越えていかねばならないものなのだ。自分の病気を他人が代わって入院してくれるものではあるまい。

安岡のいう曾国藩《そうこくはん》の言葉から引いた〝四耐〟もこれに共通して、自分の力で切り抜けていくこと、最後に頼れるのは自分しかいないことを教えている。だから、逆境になり、安岡の教えを受けたとしても、安岡が助けるのではなく自力で逆境を脱出していくことが何よりも肝心なことといえる。

そして、道を求めて生きるのなら、むしろ逆境にあるほうがやりがいが出てくるものである。自分を鍛えていくのだという、前向きな態度がとれるようになってくるものである。

「憂きことのなおこの上に積もれかし限りある身の力ためさん」

江戸時代初期の陽明学者である熊沢蕃山《ばんざん》は右のように詠んだ。逆境こそがむしろ成長のために欠かせないものであり、堂々と受けて立つのだという気力が感じられる。

熊沢蕃山は、わが国で陽明学の開祖といわれる中江藤樹《とうじゅ》の講義を聴くために、山をいくつも越えたという。蕃山は、当時武士ではなかったので講義を家の中に入って聴くことが許されなかった。そこで、垣根越しにいつも熱心に聴き入っていたのだ。

「垣根の外で先生の話を聴いている者がいます」

という弟子の報告で、藤樹の知るところとなった。

そこで藤樹は、

「そんなに熱心だったら、どうだ私の空いている小屋に来て住み込んだら。そうすれば何も山越えしてくるまでもないだろう」

と若い蕃山に言った。すると、

「親切なお言葉、ありがとうございます。しかし、私は山を越えて来るところにつらさに耐えていく甲斐があると思っています。住み込みなどとは、もったいないですし楽な道になります。働き疲れた上に更に山越えして先生のお話を聴かせていただくことで励みになるのです」

熊沢蕃山は、本名伯継《しげつぐ》。晩年には息游軒《そくゆうけん》と号した。これは前述した学びの段階「蔵脩息游」からとったものである。中江藤樹は早くして亡くなったが、蕃山は備前の池田藩で政治を行ったこともある。「知行合一」「事上磨錬」を実践していった人である。

その藤樹や蕃山は、逆境こそ成長に不可欠であり、むしろ自分から万難を求めたとさえいえる態度で生き抜いていた。安岡が青年だった豊田に四耐の大切さを説いたのも、藤樹や蕃山のような先哲の志を継いでいたからであろう。

逆境こそ自分を伸ばすと知ったなら、むしろ逆境に感謝さえしたくなるものだ。

「伏すこと久しきは、飛ぶこと必ず高し」

『菜根譚』にこのような言葉がある。十分に屈した者であってこそ、大きく伸びていくことができることを忘れたくない。

師と座右の書を持っているか

人物学を修める最大の条件として、安岡は次の二つを挙げている。

- 私淑する人物（師）を持つこと
- 愛読書（座右の書）を持つこと

先述したが、私淑する人物とは歴史上の人物であっても全く構わない。もちろん自分でその謦咳《けいがい》に接することができるのなら、理想的である。過去に、安岡から直接指導された人々は幸福だろう。

ビジネス界にいる私の友人・知人に尋ねてみると、「最近は忙しくて、本を読む暇もなくて」という者は多い。多忙で仕方ないとはいえ、座右の書を持ち、繰り返し読み返すということは、修養のために欠かせないだろう。

安岡は、「業高くして廃せず等身の書」という。積み上げて自分の身の丈ほどの書物は、毎年読み続けるくらいの心がけが、人物を磨いていくというのである。『論語』『孟子』『伝習録』など、安岡自身の座右の書は一冊に絞り切れないだろう。私たちはせめて一冊でも良いから、繰り返し読むに値する書物を見いだしたいものである。安岡に倣って古典を、難しいようなら現代のものでも構わないが。

書物は先哲の教えのエッセンスである。繰り返し読み続けていくことで味が出てくる。また、全く同じ書物であっても、時と共に読むところ、感じるところは変わっていくということもある。

しかし、だからといって書物の内容が絶対なのだと信じ込むことは愚でもある。儒家の聖典ともいえるのは『書経』である。その『書経』に対して、孟子はこのように言った。

「尽《ことごと》く書を信ずれば則ち書なきに如かず」

内容を妄信していたのでは人間としての進歩はないということだ。

安岡の説いた六中観を覚えているだろうか。

忙中閑あり、苦中楽あり、死中活あり、壺中天あり、意中人あり、そして腹中書あり、であった。これは、「書物」という表面的なものではなくて、自分の腹の中に、哲学・信念・万巻の書があるぐらいでなくてはいけないということだ。これは、万巻の書を盲信せずに、書物を消化吸収していくように徹底して読み抜く「書上磨錬」の修行によって身につくものであろう。あなたには私淑する人物と、座右の書が二つとも備わっているだろうか。

心眼を養うことの大切さ

安岡が紹介した『三国志』の曹操のエピソードにこのようなものがある。

曹操は歴史上、英雄の一人といってよいが、そのスケールは、織田信長をさらに一回り大きくしたようなものであろう。が、彼はあまり見栄えがしなかったという。他国からの使者が、ある時、曹操に会いにやって来た。そこで曹操はあることを考えついた。

自分の従者の中から、体格もよく、見るからに「国王らしい」人物をニセの曹操に仕立て上げた。自分は彼の従者ということにして、側でじっとしていた。

その後、家臣に命じて、「ニセ」の曹操に会った印象を尋ねてみた。すると使者は、

「さすがに曹操様は噂にたがわぬ立派な方でした。ただ、あの側におられた方は、おそらく相当に偉い大臣か何かでしょう」

と答えたという。

それを耳にした曹操は、その使者を捕まえてしまったという。

つまり、それほど人を見抜くだけの心眼を持った者は敵に回したら大変なことになるというわけだ。

曹操が恐れたぐらいであるから、心眼が発達した人物というのは一流といってよい。ただ私は心眼、つまり人を見抜くことばかりを目標にする必要はないと思う。それよりも人物を磨き、高めていくうちにそういう力は自然に身についてくると思っている。

人物を磨き、人と接する時に無心であってこそ見えないものが見えてくるのである。欧米のコミュニケーションの研究によると、私たちが他人とコミュニケーションをとる時に、七割から九割近くまでが「非言語」であるという。つまり表情や態度のほうが、雄弁に語るということだ。

しかし、逆に考えたなら、それだけ私たちは態度や外見にだまされやすいといえよう。その意味からもニセの曹操よりも、本物の曹操は偉いのだと見抜いた使者は、見えている〝人物〟であったといえる。

「見えないものを観る」という安岡の教えをいただいたと、元経団連会長の平岩外四《がいし》は自著に書いている。

心眼とは、もちろん人を見抜くにとどまらず、「先見」、「大局観」ということでもある。見・観という字を用いているが意味するところは同じだろう。

人物を養っていくことは、心眼を養うこととイコールである。

「自分は心眼が発達している」と実感できた時に、あなたはそんな〝人物〟となっているのだ。

伝統を重視して個性を伸ばす

幕末維新の頃には、若くして国を動かすような〝人物〟が続出した。しかし、これらの人物も徳川三百年の儒教、仏教、国学から出ているのだと安岡は説いた。私たちは人物を高めたり、何かを創造していくためには、時として旧来の考え方・習慣を破壊していくことが必要だと知っている。しかし、それは何もかも否定して破壊していくことではない。

創造のためには、破壊と同時に守らねばならない芯に当たるものが必要だ。安岡はそれを伝統なのだと考えていた。特に、第二次世界大戦以降、欧米偏重の傾向は否定できなくなっていた。逆に欧米では「東洋に学べ」といわれたりもする。彼らにしても同じで、そこには彼らなりの芯がなくてはならない。その上で、東洋の英知に学んでいくことが大切といえるのだ。

安岡は日本や中国の古典は当然のこととして、人物に学んでいくことを「郷学《きょうがく》」の中で勧めていた。例えば吉田松陰や、近江の陽明学者である中江藤樹、江戸時代の儒学者、細井平洲《ほそいへいしゅう》や広瀬淡窓《ひろせたんそう》というように、その土地の聖人・英雄を研究していくのである。

人間教育については、細井平洲が「瓜は瓜なりに、茄子《なす》は茄子なりにつくり上げることである」と説いていた。これは、部下の教育の心得になると同時に、自分にも心したいことである。「個性尊重」の教育であり、自己啓発ということができるだろう。

私は、若い時期から「人間開発」とか「心の変革」といった類のセミナーが好きでよく受講してきた。が、友人の中に非常に実利的で「どうせ受けるのなら実務的なものに限る」と、実務的なセミナーを好んで受けていた者がある。彼は今、弁護士をしているが、これも「どちらが良い」かという比較の問題ではなくて、「個性」であろう。おそらく彼が私の受けたような人間の「心」を研究するような内容で学んでも、今のように成功できなかっただろう。逆に私が彼のように実務一本でいっても、また同様であろう。

つまり、人は「個性」があり、その人なりの生き方、学び方でいくことがベストだということである。

環境は自分の手でつくるもの

自分の運命が良くないと環境のせいにするような人がいる。しかし、ナポレオンは「環境は自分がつくるのだ」と豪語した。西洋版の秀吉のようなナポレオンも結局、運命は自分の手で切り拓くのだという自信が原動力となっていた。少なくとも、良き友人がいたり、師のいるような環境を自分で選び出すくらいは自分でやっていきたいものだ。

先述した熊沢蕃山にしても、中江藤樹の講義を聞くために、山をいくつも越え何時間もかけてやって来た。それは、環境を自分の手で選択したことに他ならない。そのような想いがより強くなっていくと、ナポレオンのように自分でつくるのだという自信につながってくる。


アメリカで、ホテル王と称されたヒルトンが、ある時、新聞記者に尋ねられた。

「ヒルトンさん、あなたは中年になるまで苦労の連続でした。それが今ではビバリーヒルズにホテル並みの豪邸を建て、ホテル王とも呼ばれています。あなたがそこまでになれた秘訣は何でしょうか」

しばし黙考したヒルトンは、こう答えた。

「理由の第一は、ロケーション（立地条件）です」

「なるほど、それでは二番目には……？」

「そうですねえ、やはりロケーションです。ホテル業界では、どこに店を出すか、これで全てが決まり、私はそれを知っていただけです」


これはやはり環境の重視ということに他ならない。実際にヒルトンが成功した原因を探ると、一九二九（昭和四）年の大恐慌の後、安値で売られていたホテルを積極的にM&Aで買収して、それが後に財産となったのが一つの理由だ。

もう一つは、ホテルのフランチャイズ化をはかり、裕福な人々のホテルから誰でも気軽に利用できるホテルへと価格を変えていったのも理由となろう。いずれにしても、ヒルトンは環境を重んじていくことで成功できたことは確かである。

「天の時、地の利、人の和」といい、孟子は中でも人の和を第一に説いた。ビジネスでいえば、タイミング、ロケーション、チームワークということになるだろう。

私は、天の時、地の利、人の和の三つを合わせて〝環境〟だと考えたい。ビジネスで成功できるような環境をつくれるのは、天・地・人のバランスがとれた時なのだ。タイミングも考え、ロケーションにも気を配り、チームワークも重視するように三つを兼ね備えた時に大いなる力となる。

安岡は常々、運命というのは自分で創るものだと説いていた。環境をつくるということは、この運命創りの一つだといえるだろう。

運命を創ろうとするからには、常に心構えは積極的でなくてはならない。「運命だから仕方がない」と弱気になることなく、自分で創るのだと信念を持つことだ。安岡の教えも、そのように積極的に考えている人だったら、確実に実践していけるものだ。

安岡の教えは、必ずやあなたの運命を好転させるものと確信している。

参考文献

『王陽明研究』安岡正篤（明徳出版）
『伝習録』安岡正篤（明徳出版）
『陽明学十講』安岡正篤（明徳出版）
『東洋思想と人物』安岡正篤（明徳出版）
『運命を創る』安岡正篤（プレジデント社）
『運命を開く』安岡正篤（プレジデント社）
『論語の活学』安岡正篤（プレジデント社）
『干支の活学』安岡正篤（プレジデント社）
『人物を創る』安岡正篤（プレジデント社）
『活眼活学』安岡正篤（PHP 研究所）
『東洋人物学』安岡正篤（致知出版）
『三国志と人間学』安岡正篤（福村出版）
『運命と立命の人間学』下村澄（大和出版）
『人間の品格』下村澄（大和出版）
『人物の条件』下村澄（大和出版）
『安岡正篤の世界』神瀬良平（同文館）
『宰相の指導哲人安岡正篤の世界』仲良平（講談社）
『人生の師父安岡正篤』神渡良平（同文館）
『人間的魅力の研究』伊藤肇（日本経済新聞社）
『帝王学ノート』伊藤肇（PHP 研究所）
『左遷の哲学』伊藤肇（産業能率大学出版部）
『新訳伝習録』守屋洋（PHP 研究所）
『中国古典一日一話』守屋洋（PHP 研究所）
『東洋医学の哲学』桜沢如一（日本ＣＩ協会）
『朱子学と陽明学』島田虔次（岩波書店）
『人金意の経営語録』金子隆編（実業之日本社）
『新・三百六十五日の実訓』実業之日本社編（実業之日本社）
『お金と人生の名言集』セールス編集部（ダイヤモンド社）
『安岡正徳先生随行録』林繁之（致知出版）
『安岡正先生』林繁之（プレジデント社）
『瓠堂随聞記－安岡正篤語録』亀井一雄（郷学研修所・安岡

正篤記念館）
『安岡正篤一日一言』安岡正篤（致知出版社）
『［新装版］人物を創る：人間学講話「大学」「小学」』安岡正篤（プレジデント社）
『安岡正篤先生に学ぶ［新装版］人間の品格』下村澄（PHP研究所）
『照心語録』安岡正篤（致知出版社）
『［新装版］知命と立命：人間学講話』安岡正篤（プレジデント社）
『安岡正篤　運命を思いどおりに変える言葉』安岡正篤・池田 光（イースト・プレス）

安岡正篤（やすおか・まさひろ）

1898年、大阪市生まれ。

第一高等学校を経て、東京帝国大学法学部政治学科卒業。1927年「財団法人金雞学院」、1931年「日本農士学校」を設立。東洋思想の研究と後進の育成に従事。戦後、「全国師友協会」を設立。東洋政治哲学・人物額の権威として知られ、歴代の内閣総理大臣をはじめとする政界、財界など国家の要人たちの精神的支柱となる。

1983年12月逝去。享年85歳。

[著者] **松本幸夫**（まつもと・ゆきお）

1958年、東京都生まれ。人材育成コンサルタント。作家。能力開発、メンタルヘルス、目標管理や時間管理、スピーチ・プレゼン・交渉などの「コミュニケーション術」を主なテーマに研修・講演活動を行っている。指導する業界は、マスコミ、流通、通信、製薬、保険、金融、食品など多岐にわたる。多数の著書があり、コミュニケーション術のほか「人物論」にも定評がある。著書は『いまこそ中村天風に学ぶ』（ベストセラーズ）、『上司が何を言っているのかわからない！というあなたへ』（海竜社）、『できるリーダーの伝え方&語彙力』（三笠書房）、『運命を拓く×心を磨く 中村天風』（総合法令出版）など多数。累計220万部を超える。

運命を拓く×心を磨く
安岡正篤

2023年 6 月20日　初版発行

著　者　松本幸夫
発行者　野村直克
発行所　総合法令出版株式会社
〒103-0001 東京都中央区日本橋小伝馬町 15-18
EDGE 小伝馬町ビル 9 階
電話　03-5623-5121
印刷・製本　中央精版印刷株式会社

落丁・乱丁本はお取替えいたします。

ISBN 978-4-86280-908-7
総合法令出版ホームページ　http://www.horei.com/